論集 新羅仏教の思想と文化

——奈良仏教への射程——

ザ・グレイトブッダ・シンポジウム論集第十六号

東大寺

表紙カバー　杉本健吉画伯

序

第十六回「ザ・グレイトブッダ・シンポジウム」（ＧＢＳ）は平成二十九年十一月二十五日・二十六日に「新羅仏教の思想と文化—奈良仏教への射程—」をテーマに開催いたしました。

近年、日本を訪問する海外の方々が増加し、東大寺の参道でも日々多くの言語が聞こえてきます。東大寺の歴史がはじまった奈良時代も中国（唐）や朝鮮半島を中心とした多様な交流が盛んにおこなわれ、さまざまな文物がもたらされています。

これらの交流によってもたらされた仏教について、中国を淵源とするものはこれまで多くの研究が蓄積されていますが、東大寺の前身寺院の金鍾寺でおこなわれた華厳経講説のもととなる新羅仏教の影響やその全容についての研究は充分に解明されておりません。東大寺を中心とする南都の仏教を明らかにするためにも新羅仏教の解明は必要であることもテーマ設定の背景にありました。

本論集はテーマに関わる日韓の研究者による当日の講演や報告、討論会を集録しております。本論集が新羅仏教研究の新たな礎となることを期待します。

最後になりましたが、今後とも本シンポジウムに対し皆様のより一層のご支援をお願い致します。

平成三十年十一月二十四日

東大寺別当

狹川普文

目次

新羅仏教文化の多様性
―恋愛説話を歌入りで伝えた仏教系芸能者たち―

石井公成

はじめに

韓国仏教に関しては、かなり類型的な見方がされているのではなかろうか。たとえば、韓国仏教を代表するのは、『起信論』の注釈などを著し、和諍を説いた元暁だというのが常識になっている。現代の日本の場合、仏教研究者以外でも元暁が多少知られているのは、明恵が描かせ、現在は国宝となっている有名な『華厳宗祖師絵伝（華厳絵巻）』が元暁と義湘を主人公としているためだろう。

しかし、韓国の場合は、状況は異なる。世界に例を見ない長期王朝である李朝の仏教は、禅宗が主流だったのだから、その時期に最も尊敬されたのは禅僧だったはずだ。むろん、元暁については、還俗して新羅王の妹である公主と結婚したうえ、大きなひょうたんを手にして村々を歌い踊って回り、仏教を広めるなど、日本で言えば一休のような庶民的な逸話が多いため、人気が高かったことは事実だが、元暁はきわめて多作だったにもかかわらず、李朝の末には元暁の著作は僅かしか残っていなかったことも考えるべきだろう。

清朝の冊封を受けていた時代が長く、その後は日本に支配されるようになった状況で始まった韓国の近代的な仏教研究は、韓国仏教の独自さと優秀さを明らかにすることを目的としていた。このため、道教や民間信仰その他、仏教以外も含めた幅広い視点で研究をおこなった李能和（一八六九～一九四三）のような例外はあったものの、仏教学全体としては、思想面の研究が中心となった。そして、孫知慧が明らかにしたように、一九三〇年代になって韓国のナショナリズムが高まった結果、入唐していないにもかかわらず、中国と日本に影響を与えた元暁が、次第に韓国仏教を代表する存在とされるに至ったのだ[1]。

これについては、日本の聖徳太子顕彰の動きも影響を及ぼしている。江戸中期以後は、儒者や国学者による聖徳太子批判が強かったが、明治の末から聖徳太子のことを日本文化の恩人、大国との外交の達人として再評価する動きが強まり、大正十三年（一九二四）には聖徳太子奉讃会が結成され、その二年後には日本に留学していた朝鮮の留学生たちによって、東京で大聖元暁鑽仰会が結成されている。このため、元暁については、その意義を強調する論文が次々に書かれてきたものの、思想の問題点の指摘や伝記を大胆に疑う批判的な検討などは、ほとんどなされずに来た。新羅仏教全般についても、呪術的な側面や芸能との関係などの研究は不十分であって、新羅仏教の豊かで多様な全体像はまだ明らかにされていない。また、中国と地続きであって、中国への憧れと反発が併存し、禅宗が主流となり、さらに儒教が優勢になって仏教が圧迫されるなど、共通する点が多いベトナム仏教との異同の検討なども必要ではなかろうか。

本稿では、そうした見直しの試みの一つとして、元暁の伝記を含め、『三国遺事』のよく知られている説話をとりあげ、新羅仏教中の滑稽な面、猥雑な面、民俗信仰が混淆していると思われる面などを指摘してみたい。

一　元暁伝に見える「居士」の実態

『三国遺事』元暁不羈条では、寡婦となった公主との間に子を作った後の元暁について、次のように述べていることは有名だ。

暁既失戒生聡、已後易俗服、自号小姓居士。偶得優人舞弄大瓠、其状瑰奇。因其形製為道具。以華厳経一切無礙人一道出生死、命名曰無礙。仍作歌流于世。嘗持此、千村萬落且歌且舞、化詠而帰。使桑樞瓮牖玃猴之輩、皆識仏陀之号、咸作南無之称。暁之化大矣哉。（大正四九・一〇〇六中）

暁、既に戒を失いて聡を生み、已後は俗服に易《か》え、自ら小姓居士と号す。偶ま優人の舞い弄ぶ大瓠を得るに、其の状、瑰奇なり。其の形に因りて製して道具と為し、『華厳経』の「一切無礙人、一道出生死」を以て、命名して無礙と曰う。仍ち歌を作りて世に流す。嘗て此を持ちて、千村万落、且つ歌い且つ舞い、化詠して帰る。桑枢瓮牖、玃猴の輩をして、皆な仏陀の号を識り、咸な南無の称を作さしむ。暁の化、大なるかな。

すなわち、元暁は、破戒して子を作ってからは、俗服を着て少姓居士と名乗り、たまたま滑稽芸人が舞い弄ぶ奇妙な形の大きなひょうたんを得たため、「すべてに自由な人は、どの一つの行によってでも輪廻の世界を脱する」という『華厳経』の文句（大正九・四二九中）を書き付け、歌を作り、そのひょうたんを持って歌い舞いつつ村々を回り、粗末な家に住む山猿のように無学な者たちにも、仏の名を知って「南無」と唱えることができるよう偉大な教化をしたという。この記述については、韓国の仏教学界では事実として受け取られているが、「居士」という語の解釈には問題がある。還俗して仏教信者であり続ければ居士ということになるものの、ここでいう居士は、日本の琵琶法師と同様、実際には仏教系の芸能者を指す言葉と思われる。これに最も近い用例は、『三国遺事』のうち、元暁と重なる時期の文武王の条に見える琵琶居士だろう。

王一日、召庶弟車得公曰、汝為塚宰、均理百官、平章四海。公曰、陛下若以小臣為宰。則臣願潜行国内。示民問徭役之労逸、祖賦之軽重、官吏之清濁。然後就職。王聴之。公著緇衣、把琵

琶為居士形、出京師。（大正四九・九七二下）

王、一日、庶弟の車得公を召して曰く、汝、塚宰と為り、均しく百官を理め、四海を平章せよと。公曰く、陛下、もし小臣を以て宰と為さば、則ち臣願わくは国内を潜行し、民問徭役の労逸、祖賦の軽重、官吏の清濁を示し、然る後に職に就かんと。王、之を聴す。公、緇衣を著し、琵琶を把りて居士の形と為り、京師を出づ。

すなわち、王が母違いの弟である車得公に宰相になるよう請うと、車得公は、国を治めるのであれば、国内を微行し、民間の労役や租税の軽重、役人の清濁を把握した後にしたいと願って許されたため、黒衣を着て琵琶を持ち、居士の形になって都を出て各地を回ったという。これによって、ここで言う居士とは、僧侶に近い格好で琵琶を弾じて経典を誦したりしながら各地を歩いていた旅芸人であることが分かる。おそらく、仏教関連の歌を歌ったり、興味深い仏教の物語を語って笑わせたり泣かせたりしたことだろう。つまり、『平家物語』が誕生してそれが表芸となる以前の日本の琵琶法師、また『平家物語』を看板とした当道座に追われ、九州で活動した琵琶弾きの盲僧のような存在だったと思われる。官吏の清濁を知るということは、様々な階層の人々の不満に耳を傾け、時にはそうしたことを遠回しに語るなどして喝采を浴びていた可能性もある。

　以上のことから見て、車得公が居士の形になったということは、僧侶に近い姿の旅芸人に変装したという意味であることが分かるが、「元暁不羈」の記述によれば、還俗した元暁は村々をめぐって歌い舞ったというのだから、この点は少姓居士についても当てはまるはずだ。つまり、「元暁不羈」の逸話は、学僧から転じた学識ある居士が、庶民教化のために分かりやすい仏教の歌を作り、それが流布して各地で歌われたなどという話ではなく、仏教系の放浪芸人たちが自分たちの元祖を元暁に求めた起源譚を『三国遺事』が取り込んだような形になっているのだ。

　そうであれば、少姓居士は、少なくとも伝承で語られていた少姓居士は、歌い舞う際は、阿弥陀仏に極楽往生を願う歌などだけでなく、滑稽な歌や舞や語りなども披露していたと考えられよう。このことは、元暁が「優人舞弄大瓠（おどけ芸人が舞い弄ぶ大きなひょうたん）」を手にいれ、それを持って各地をめぐったと記されていることからも知られる。「舞弄」とは、それを持って舞ったり、空中に投げ上げたり回したりして自在に扱う曲芸の類を指すのだろう。ひょうたんは、中国では様々な曲芸や滑稽な芸を含む百戯の首領が持つものであり、日本でも滑稽芸人が身につける持ち物であって、滑稽芸人の象徴だったことはかつて論じた。[2]

　仏教系の滑稽な舞については、『三国遺事』の「憬興遇聖」条が資料となる。国師に任じられて病気になった憬興のところに杖をついた尼が現れ、気疲れなのだから笑えば直ると述べ、「十一様の面貌」をなし、それぞれの顔ごとに滑稽きわまりない舞を舞って皆を大笑いさせ、病気を治したとされており、その尼は隣の寺に消えて行き、十一面観音の図の前にその杖が置いてあったとする話だ（同・一〇一二下～一〇一三上）。これは、十一面観音の霊験譚であるだけでなく、「大笑面」を含む十一面観音のものまねを誇張してやり、笑わせていた僧尼や僧形の仏教芸能者の活動を示すものだ。

　十一面観音については、耶舎崛多訳『仏説十一面観世音神呪経』

(五七〇年頃)、阿地瞿多訳『陀羅尼集経』(六五三〜四年)、玄奘訳『十一面神呪心経』(六五六年)のいずれもが、道場に十一面観音が来臨した証拠に像が揺れ、頂上の仏面が行者を称えて、汝の願を満足させようと約束しており、平安時代の十一面観音像には、そうした様子を意識したと思われる作例も見られる。(3) つまり、十一面観音が動くというのは常識なのであって、だからこそ十一面観音のものまねはやりやすかったのだ。

そうしたものまねなどの芸のうちには、かなり猥雑な語りや芸が含まれていたことは、「憬興遇聖」のうちのこれに続く話からも分かる。その話によれば、馬に乗って豪勢な隊列を組んで参内し、韈躄を買っていた憬興を戒めるため、粗末な身なりで杖をついた居士が乾魚を入れた筐を背負って馬をとめる石の所に座っていたところ、憬興の従者が、お前は黒衣を着ておりながらどうして汚らわしいものを背負っているのかと詰ると、居士は、お前が両股の間に「生肉」をはさんでいるのとどこが違うのかと反論した後、文殊寺に消えて行き、文殊像の前にその杖があったという(同・一〇一三上)。これなどは、権勢を誇る者に対する批判であって、庶民が喜ぶ類の頓知話、それも猥雑滑稽な話だ。

ここでは居士が先の尼と同様に杖をついていることが注目されよう。つまり、粗末な黒衣を着て杖をつき、笑わせるようなことをする仏教系の芸能者がいたのだ。背中に筐を背負って杖をついているのは、旅の姿であり、これは韓国が起源である日本の放浪する琵琶法師の出で立ちであって、絵巻などに描かれている様子にほかならない。こうした下層の仏教系芸能者は、軽んじられたり賤民視されたりする一方で、菩薩の化身とみなされることもあったか、そうした者が混じっていることを芸能者たちが強調し、軽んじないよう警告していたのだろう。

二　化身とされる婢女

下層民が実は菩薩であったという点で注目されるのは、『三国遺事』中の「郁面婢念仏西昇」のうち、「郷伝」による伝承の部分だ。景徳王(在位七四二〜七六五)の代、数十人の仏教仲間たちが弥陀寺を創建し、一万日の誓願を立てて連日念仏をしていたところ、その信者の一人の婢女が、常に主人に従って寺に赴き、中庭に立って念仏していた。それを憎んだ主人が米つきの仕事をどれほど与えても、簡単にやってのけ、寺に戻って念仏をする。そして、庭の左右に長い橛を立てて縄を張り、「縄を以て両掌を穿貫し、橛上に繋ぎて合掌し、左右に遊びて激励(以縄穿貫両掌、繫於橛上、合掌左右遊之激励焉)」していると、つまり、両手の掌に穴を空けて縄を通し、杭につなげ、合掌しながら左右に行ったり来たりして念仏に努めていると、天から「郁面婢よ、堂に入って念仏せよ」と声がした。人々が郁面婢を堂にあげると、ほどなく天の音楽が西から聞こえ、郁面婢が浮き上がって屋根を抜けて行き、西の郊外で死骸を捨て、真実の姿を現し、蓮台に坐して大光明を放ち、ゆっくり去って行ったのであって、今でもその屋根の穴が残っているという(同・一〇一二上)。

「遊」とは、ここでは行ったり来たりすることだが、ゆらゆら動くために「遊」の字が用いられたのだろう。「遊之」の「之」は、停止・終止を表す用法であって「〜して」の「て」に当たるものであり、古代の韓国・日本にしばしば見られる変格語法だ。

この郁面婢の話は、西方浄土信仰の一例とみなされてきたが、二本の柱を立てる点は、安東の河回洞で正月十五日と四月八日に行われる仮面戯の別神祭で立てられるソナン棒・ソンジュ棒に似ているうえ、「遊」は舞い踊る「あそび」の意味でも用いられる字だ。韓国の仮面戯について長年研究してきた野村伸一は、仮面戯は死者供養の性格も持っていることを指摘し、「死者の魂は飛翔することで再生すると信じられていた」と述べている。[4]

また、掌を「穿貫」して縄を通すというのは、頬などを金属の棒で刺し通す台湾や福建の童乩が示すようにシャーマニスティックな行為に似る。「穿貫」という語でこれに似た用例としては、不空訳『十一面観自在菩薩心念誦儀軌』の次の用例が注目されよう。

蓮花部念珠、用蓮花子或摩尼宝。童女槎（縒）線、以此密言穿貫。密言曰、唵阿密哩（二合） 党誐冥室哩（二合） 曳室唎（二合）……（大正二〇・一四五中）

蓮華部の儀礼に使う数珠は、蓮華の実あるいは摩尼宝を用い、童女が糸を撚り、以下のダラニを唱えながらそれらを糸で貫く、というのだ。また、菩提流支訳『不空羂索神変真言経』では、蓮華の実について「五色の線索を加持して穿貫（加持五色線索穿貫）」する（大正二〇・二八七中）と記しており、「穿貫」というと、このように密教で用いる珠数などに穴を空けて糸で貫くという用例がほとんどだ。「郁面婢西昇」の場合、菩提流支や不空の訳例を参考にしているかどうかは不明だが、仏教文献ではこのような用い方をするという点が重要だろう。穴をあけて糸状のものを通すという点では、密教文献の用例と共通する面がないわけではないが、郁面婢の場合は両手の掌に縄を通すのだから、きわめて特異な応用例ということになる。密教の間接的な影響はあるかもしれないが、当時の新羅の宗教の影響が大きいはずだ。いずれにしても当時の中国の浄土信仰からは、こうした行為は考えられない。

しかも、郁面婢は、名が示すように婢女であって、下層の民衆でありながら仏菩薩の化身とされている。蓮台に坐して大光明を放っているため、郁面婢は阿弥陀仏の化身ということになるが、姿を変えて教化するという点では観音に似ており、阿弥陀仏と関係が深い観音信仰の変形と見ることもできる。実際、この「郷伝」に続く「僧伝」に基づく話では、「観音応現」の者が指導した二つの信者グループのうち、片方の監督者が受戒できず、牛に生まれ代わったものの、経典を載せて運んだ功徳によって郁面に生まれ代わったとされており、観音信仰との関係を示している。

なお、題名の「西昇」という語も問題だ。臨終時に阿弥陀仏や諸菩薩が来迎する場合は、西から雲に乗って来るため、亡くなった信者はその雲に昇って西方に赴くことになるとはいえ、重要なのは西方に往くことであり、中国の仏教文献で西方往生のことを「西昇」と表現した例は見当らない。「西昇」と言えば、道教の偽経である『老子西昇経』を指すのが通例だ。そうでありながらここで「西昇」の語が用いられていることは、上方にある兜率天への往生や生天思想、さらには古代以来の新羅の信仰などが西方往生と混じっていることを推測させる。実際、「郁面婢西昇」の続く部分では、郁面は仏を拝んでいるうちに屋根の梁を開いて去っていき、山のふもとで身を捨てたため、そこに主人が菩提寺を建て、仏殿に「朂面登天之殿」という榜をかかげたという。ここでも西方往生という点は強調されておらず、「登天」という仏教らしからぬ表現が用いられている。「登天」は、インドの生天とは異なり、中国の仏教文献では、龍が天に登る、天子の位に登る、天に登って上帝にまみえるなどの用例が多く、また『真誥』の「白日昇天」「白日登天」などの成語が有名なように、道教の修行者が天に登る場合に良く用いられる表現だ。数多くの浄土経典の注釈が書かれた新羅の浄土信仰について考えるには、こうした面も考慮すべきだろう。

『三国遺事』では、もう一カ所、奴婢が仏菩薩の化身であった例、しかも「西昇」の語が見えている箇所がある。「広徳厳荘」の条だ。この話では、親友だった広徳と厳荘は、先に極楽に往生したら必ず相手に知らせると約束しあっており、広徳は芬皇寺の西里に住んで草鞋を作って妻と暮らし、厳荘は南岳で田畑を耕していた。ある日、窓の外で「私は既に西方に往生した。君も早く来なさい」という声がしたため、厳荘が外に出ると雲から天の音楽が聞こえ、光明が地にまで届いていた。そこで、翌日、広徳の家に行くと、亡くなっていた。その妻と埋葬した後、「一緒に住みましょう」と提案したところ、妻が承諾したため、そこに宿った。夜になって厳荘がその妻に通じようとすると、妻は、広徳は自分の身体に触れたことはなく、毎夜、阿弥陀仏を念じて観法に励み、月の光がさしてくるとその光の上に昇って結跏趺坐していたと言い、あなたのような振る舞いでは西方には行けないと言って厳荘を辱めた。厳荘は恥じて元暁のところに赴き、往生のための観法を習い、「意を一にして観を修し、亦た西昇するを得」たという。「広徳厳荘」条は、末尾で「其の婦は乃ち芬皇寺の婢にして、蓋し十九応身の一徳なり」と述べ、西方往生に関する情緒に満ちた郷歌を付している。「十九応身」とは、『法華経』普門品が、観世音菩薩が相手に応じた姿で現れて説法することが、十九通り説かれていることによるものであり、広徳の妻である婢は、実は観音菩薩の化現ということになる。

すなわち、ここでも「西昇」の語が用いられ、「元暁不羈」条と同じく元暁と芬皇寺が登場し、しかも「婢」が観音の化身とされており、歌が付されているのだ。これらのことから見て、芬皇寺を本拠とし、芬皇寺に住していた元暁や元暁関連の人に関する伝承・霊験をふくらませ、語り物などの形で演じ歌いながら各地を巡る下級僧侶や僧形の仏教系芸能者がいたことが推測される。琵琶居士は、まさにそうした芸能者だったろう。

なお、寺の奴婢については、様々な種類があった。戦争で敗れた者や捕虜や罪人などを殺さず、寺の奴婢にする場合もあれば、借金が返せずに奴婢になった者もあれば、身分の高い者が自ら捨身して寺の奴婢となって奉仕する例、あるいは一時だけの捨身であって子や臣下などが布施を出して買い戻す場合もあった。(5)

三　恋愛話と仏教

寺の伝承や霊験、それも新羅の習俗と習合した内容を語って歩く僧や僧形の芸能者がいたことは、『三国遺事』の「金現感虎」の条からも知られる。それによれば、新羅の習俗では、仲春の八日から十五日までは、都の男女が興輪寺の塔を回ることを功徳のあることとしていた。元聖王(在位七八五〜七九八)の代、金現という青年が、深夜にただ一人で塔を回っていると、若い娘がついて来てともに回った。互いに好感をいだいて目配せし、金現は「屏処に引き入れて通じ」た。娘が帰ろうとすると、金現は強引について行き、西山のふもとの粗末な店に入った。娘が母親に事情を語ると、母は「それは良いことだったとはいえ、無いにこしたことはなかった（雖好事不如無也）」と述べ、金現に隠れるよう指示した。すると腹をすかせた三匹の獰猛な虎が入ってきて、生き物のにおいがするので喰おうと言うと、天から声がして、お前たちは生き物の命を奪ってばかりいるため、こらしめのために一匹を殺すと告げた。実は娘の兄である虎たちが恐れおののいていると、娘が自分が身代わりなると申し出たため、虎たちは喜んで去っていった。娘は、隠れていた金現に自分の本性を明かし、どうせ死ぬのであれば、あなたの手にかかって死にたいと言い、明日、私が虎となって市場で暴れると、王は懸賞を出すだろうから、追ってきて自分を殺して出世してほしいと頼んだ。金現は断るが、ぜひにと頼まれて承諾し、涙で別れた。翌日、猛虎が市場に現れて暴れ、王が爵位を約束して虎を撃つ者を募ると、金現が応じて短い刀一本を持ち、虎を追って林の中に入った。すると虎は娘の姿に戻り、一夜をともにしたことを忘れず、追善の経を僧に読ませてほしいと頼み、自分が暴れて傷つけた人々の傷については、興輪寺の鍾を聞き、その醤をつければ直ると教えた後、自ら首を切って倒れ、虎の姿に戻った。金現は、事情を隠したまま人々に傷の治療法を教え、出世すると虎願寺という寺を立て、常に『梵網経』を講義させて追善し、虎の恩義に報いた。その林を今も虎林と呼んでいる、という話だ。

　この話は、「好事も無きに如かず（好事不如無）」という唐末五代頃の禅語が混じっているため、現在の形については唐代以後の成立だろうが、興輪寺に参詣するよう宣伝する材料として用いられていたことは明らかだ。興輪寺を本拠として各地を回り、こうした興味深い話を巧みに語ったり歌ったりした僧や僧形の芸能者がいたのだ。

　右の話のうち、金現が娘を連れて行って交わった「屏処」とは、『四分律』の「もし比丘、独り屏処に在りて、比丘尼とともに坐せば、波逸提なり（比丘独在屏処、与丘尼坐者、波逸提）」（大正二二・六五二中）、また「時に迦蘭陀子、仏の未だ制戒せざる前にて欲の穢なるを見ず、便ち婦の臂を捉え、将いて園中の屏処に至り、三たび不浄を行ず（時迦蘭陀子、仏未制戒前不見欲穢、便捉婦臂、将至園中屏処、三行不浄）」（同・五七〇上）などの例が示すように、壁などで覆われた箇所を指す戒律の用語だ。このため、原作部分に当たる部分を書いたか、伝承を潤色して現在の形の文章にしたのは僧侶であることは疑いない。

　問題は、寺で男女が交わっていることだが、これについては、中国で儒教の立場から仏教を批判した者たちが、寺を男女が接する不純な場としてしばしば非難していることを考えるべきだろう。実態はどうであれ、寺には男女が集まる場所というイメージがあったのだ。実際、唐代伝奇の『南柯太守伝』『河間伝』『鶯鶯伝』でも寺が男女の出会いの場になっているうえ、『枕草子』その他の平安文学が示すように、平安時代の女房たちが男女が集まる場所に公然と出かけていくことが許されていたのは、寺の法会のみであり、彼女たちは美男美声の僧侶の説法を聞くことを楽しみにしていた。

　また、『万葉集』巻第十六の、

橘の寺の長屋に我が率寝し童女放髪は髪上げつらむか（三八二二）

という歌も参考になろう。この歌の作者は僧か、沙弥か、寺に仕える寺奴などかは明らかでないが、仏教の戒律や儒教道徳がしみこんでいない頃の古代風なおおらかさが感じられる。「金現感虎」の場合は、娘が人間でなく、虎であるという点も大きいのだろう。また、仏教の場合、話の最後を「出家して修行に努めました」「極楽往生しました」などという形にして終えれば、途中はどんな展開にすることも出来るという点も大きい。実際、大乗経典になると、そうした形の恋愛譚が見られるようになっている。

儒教の制約が厳しい中国の場合、若い男女の自由な恋愛など許されず、六朝の文人は女性の立場になって、旅立って帰らない夫を恋しく思うとか、愛情が薄れた夫を嘆くといった形の閨怨詩を作っていた。六朝志怪小説でも、愛情の対象として登場するのは仙女や、動物が変じた美女や、幽霊などだ。一般の道徳に縛られない帝王は例外であって、気にいった女性を愛することができたが、これは若い男女の自由な恋愛とは言いがたい。唐代になると、科挙の勉強中である優秀な青年と、その青年にほれこんで応援する妓女との愛情物語などが登場し、後に才子佳人小説に展開していくが、妓女も一般の女性とは言いがたい。

そのような許容された女性との恋愛、しかも、最後を仏教の教訓めいた話にすれば、恋愛話が許されるのであって、性的な描写を交えることすら可能となるのだ[6]。実際、「金現感虎」に限らず、近世以前の韓国の代表的な恋愛文学は、すべて仏教関連のものだ。

たとえば、賛寧『宋高僧伝』（九八八年）の「唐新羅国義湘伝」では、唐に留学に来た義湘に恋した善妙が、船で帰国してゆく義湘を慕って海に飛び込み、龍となって船を支えて新羅まで送り、以後も神通力によって義湘の布教を手助けしたとなっているが、新羅の伝承に基づきつつ、美男の青年にほれこんで身を捨てて尽くした遊女の恋物語などを盛り込んだような面がある。また、著名な仏教信者であった崔致遠（八五八～？）を主人公とした高麗時代の『新羅殊異伝』の「崔致遠（仙女紅袋）」は、崔致遠が旅先で二人の姉妹が埋葬されている墓を浄めてやったところ、夜になってお礼に訪れたその姉妹と情を交わす話であって、『遊仙窟』などの影響と思われる濃艶な描写が見られるが、これも幽霊相手の話だ。

李朝になっても、金時習『金鰲新話』中の「万福寺樗蒲記」は、深夜の寺で若い男女が出会って情を交わし、翌朝、手をつないで道を歩くなどという大胆な行動をするものの、娘は倭寇に殺された幽霊であって、男の追善によって極楽往生するという話だが、男は以後、結婚せず、智異山に入って薬草を採り、行方知れずになったとされており、仏教だけでなく神仙小説の趣きもある。さらに、金万重の『九雲夢』は、若い弟子の僧が湖の女神に仕える九人の美しい仙女たちに出会って心を奪われ、修行に打ち込めなくなっているのを見た師匠の禅僧が、神通力で弟子を別の青年に生まれ代わらせると、その青年は破格の出世と左遷を繰り返す過程で九人の女性と出会って恋したり結婚したりした後、これらはすべて師匠が見させた夢であったことが明かされ、以後、修行に励み、九人の仙女たちも出家するという話だ。この話では、登場する九人の美女たちは仙女であることが明確に示されている。

このように、仏教の枠を借りるからこそ、若い男女の恋愛話が可能になるのであり、そこに神仙小説など仏教以外の要素が盛り込まれることになる。「金現感虎」の場合は、仲春の行事であること、つまり、農耕開始の時期、豊作を祈って予祝儀礼をおこなうべき時期の出来事である点が注目されよう。どの国でも、農耕儀礼では多産を象徴するような性的な行事が行われることが多いためだ。日本の農村の祭りでは、おかめとひょっとこが交わってみせる滑稽な踊りを披露することも多かったうえ、真夜中に祭が行われる神社で出会った男女の自由な交情が許される暗闇祭の類も、近代以前は各地にあった。「金現感虎」で、夜中に男女が塔を巡っているうちに、手を引いて寺内の隠れられる場所に消えていっているのは、そのような風習が背景にあったことを推測させるものだ。

最後に、『三国遺事』のうちから、仏教系の恋愛譚とは見られて来なかった話を一つ指摘しておきたい。それは、百済第三十代武王の条だ。母が龍と交わって生まれた薯童は芋掘りで暮らすが、真平王の三女である善花が絶世の美女だと聞き、「剃髪して京師に来た（大正四九・九七九中）。そして、「善花さまがこっそり嫁入りし、薯童を抱きしめて立ち去る」という歌を作って都の若者たちに歌わせた。善花が非難されて地方に流される際、薯童は護衛して付き従って仲良くなり、ついに善花と通じた。薯童は、母后が善花に託してくれた黄金を見て、自分が芋掘りをしていた所に沢山有ると告げた。龍華山の師子寺の知命法師に黄金を輸送する方法を尋ね、薯童は黄金を宮中に送って王を感心させ、人望を高めてついに王位について武王となった。武王はその夫人となった善花と出かけた際、龍華山のふもとの大池から弥勒三尊から出現するのを見たところ、夫人は寺院建立を懇願し、武王は弥勒寺を建立したという。

この話では、薯童は剃髪した身で、性的な歌を作って広めており、さらに善花と交わっていることが注目されよう。しかも、母は龍と交わって薯童を生んだとされており、龍と名のつく山のふもとの池も登場するため、新羅の民間で受容されていた龍の信仰、仏教の龍の信仰、さらに龍華三会の説法をおこなう弥勒の信仰などが混じっていることが知られる。そうした中で、若い男女の恋愛譚が新羅語の歌入りで語られているのだ。

（いしい　こうせい・駒澤大学教授）

註

（1）孫知慧「韓国近代における元暁認識と日本の「通仏教論」」（『東アジア文化交渉研究』第五巻、二〇一二年）、「崔南善の仏教認識と「通仏教論」構想について」（『東アジア文化交渉研究』東アジア文化研究科開設記念号、二〇一二年）、「民族偉人としての元暁の近代的再生」（『文化交渉：東アジア文化研究科院生論集』第二巻、二〇一三年）。

（2）石井公成『〈ものまね〉の歴史―仏教・笑い・芸能―』吉川弘文館、二〇一七年、三二一～三三三頁。

（3）井上一稔「十一面観音像の表現―日本における展開を中心として―」（『シルクロード学研究』十一、二〇〇一年）。

（4）野村伸一「〈解題〉東アジアの仮面あそびに向けて」（田耕旭著、野村伸一監訳・李美江訳『韓国仮面劇―その歴史と原理―』法政大学出版局、二〇〇四年、四八六頁）。

（5）濱田耕策「新羅人はいかに生きたか：人物史で考える朝鮮古代社会：花郎・奴婢・知識人」（『朝鮮史研究会論文集』第五十三巻、二〇一五年十月）。

（6）石井公成「アジア諸国の恋愛文学と仏教」（『蓮華　仏教文化講座だより』九十一号、二〇一六年九月）。

八〜九世紀における新羅華厳の動向

崔　鈆植

はじめに

新羅は五二七年（法興王十四）に仏教を公認して以来継続して崇仏政策を推進したが、新羅時代の仏教界の具体的な姿を知ることができる資料は多くない。元暁と義相［義湘］をはじめ、様々な高僧たちの著作が多数伝わっているが、その高僧たちの行跡や、仏教界内部の様々な勢力の分布と相互関係、政治勢力と仏教界との関係、主要寺院の創建背景と後援者など、当時の仏教界の動向に対する具体的な情報は、限られたものしか伝わらない。正史として儒教的な歴史叙述を志向した『三国史記』には仏教に関する記事が少なく、僧侶が編纂した『三国遺事』は、仏教に関する内容を豊富に収録しているが、「遺事」という名前の通り当時仏教界の周知の事実よりは、特異な逸話だけを集めているため、仏教界の全体的な姿を見るには足りない点が多い。『三国遺事』の編纂者が利用していた新羅時代の僧侶たちの伝記や碑文はほぼ伝わらないため、当時の仏教界の姿を理解するのには多くの限界がある。

このように新羅の仏教に関する資料が限られている中、九世紀後半以後に活動した禅僧たちの行跡を記録した禅僧碑文は多数伝わっており、これを通して新羅末期の禅宗の受容と展開のありかたについては、比較的、具体的な事実が多数確認できる。ところで、この禅僧碑文に見える新羅末の禅僧たちの修学の様相を見ると、大部分が若い時に華厳宗の寺院に出家して華厳を学んだ後、中国あるいは国内で新たな師匠を求める途中で禅宗に触れ、禅僧に転向した姿を見せている。このような禅僧碑文の内容から見て、新羅の仏教は、九世紀後半以前には華厳が支配的であったが、禅宗が受容されると次第に主流の座を華厳に代わって占めるようになったと考えられる。

一方、新羅の華厳は七世紀半ば、三国の統一戦争の期間に中国に遊学していた義相を通して初めて伝えられたが、『三国史記』と『三国遺事』には、師の智儼の入寂後、中国に留まっていた義相が、当時、唐に抑留されていた新羅使節の要請で、唐の新羅侵攻の情報を携えて急いで帰国し、これにより新羅の政府は適切に対処することができたため、義相が王室の尊崇を受けたと記している。このような義相と王室の緊密な関係からみて、華厳は義相の帰国以後、王室の特別な配慮と支援を受けるようになり、これを契機として新羅仏教界の支配的な流れとなったと考えられる。

このように新羅仏教の動向に関する資料が限られている中、新羅末期の禅僧たちの碑文に見える多数の僧侶たちの華厳から禅宗への転向、そして『三国史記』と『三国遺事』における義相の活動に対する特別な叙述は、新羅時代の仏教、特に韓（朝鮮）半島最初の統一王朝を樹立した「統一新羅」時代の仏教界の動向を理解するのに大きな影響を及ぼしたと見られる。実際、近代以後の学界における統一新羅時代の仏教に対する理解は、最初は義相を通して伝わった華厳の勢力が大きかったが、九世紀後半以後になると、新たに伝来した禅宗がこれに取って代わったという認識が一般化しており、上で言及した資料が主たる根拠として提示された。

一方、一九六〇年代以後、歴史学界では新羅の中代王室（六五四〜七八〇年）は統一戦争を経て専制王権体制を確立したが、八世紀後半に中代王室が下代王室（七八〇〜九三五年）に交替する過程で王権と中央政府の力が弱くなり、地方勢力が台頭したという統一新羅時代の政治史に対する体系的な理解が提示され、このような政治史の変化と仏教界の変化とを連結する説明が提示された。すなわち、中代には華厳が専制王権のイデオロギーとして王室の支援下に大きく発展したが、下代に入り下級貴族（六頭品）と地方勢力が台頭する中で華厳が衰退し、中国において地方勢力と連結していた禅宗が新たに受容され仏教界を主導するようになったというものである。(1)このような理解は、新羅の仏教界の変化を政治、社会的な変化と関連させて理解しようとした点で意味ある説明方式であったといえるが、統一新羅の社会や仏教界の具体的な動向はもちろん、当時の政治、社会史に対する理解がいまだ十分に蓄積していなかった学界の状況を反映したものであり、学界の理解が深まるにつれて、その妥当性に対する異議が様々に提起された。

まず中代に華厳学が中代王室の後援の下で大きく発展し、義相の華厳思想が専制王権を支える理念として作用したという見解に対しては、実際、義相とその門徒たちの行跡の中に王室との緊密な連関関係が見えないだけでなく、彼らの華厳思想の中から王権の絶対主義を擁護する理念を探すのは無理な解釈であるという批判が提起された。(2)加えて義相の華厳思想を専制王権と連結させる理論的背景を提供した鎌田茂雄の法蔵の華厳思想研究(3)に対する批判的な検討がなされた。(4)下代の禅宗との関連においても、禅師たちが地方豪族だけでなく王室とも緊密な関係を結んでおり、時には王室の後援こそが禅宗の発展に重要な役割を果たしたという見解が提示された。(5)また華厳宗などの教学仏教は、下代に入り禅宗により交替したのではなく、依然として勢力を維持しており、両者の関係は対立的なものではなく相互補完的であったという主張も出された。(6)一方、政治・社会史に関する研究では、中代の政治秩序を専制王政と見ることや下代の六頭品と地方豪族を同じ性格の政治勢力と見ること自体に対する疑問も提示されている。

このように統一新羅時期の仏教を、中代＝華厳、下代＝禅宗と区分して把握する既存の理解については多様な側面から問題点が指摘されたが、実際のところ中代と下代の仏教界の実状については資料の不足によりいまだに具体的かつ体系的な理解が提示されていない。

九世紀後半以前には、華厳が主流であり、それ以後、禅宗が台頭しながら華厳が衰退したことは確認できるが、果たして華厳がいつから仏教界の主流として登場したのか、そのきっかけは何だったのか、そしてそれ以前にはどのような思想が優勢であったのか、九世紀後半以後、多数の僧侶たちが華厳から禅宗へと転向するようになった背景は何であるか、当時の華厳と禅宗の関係はどのようであったのかなどに対して、きちんと説明できずにいるのである。

新羅華厳が専制王権の政治的なイデオロギーとして中代の仏教界を主導したという既存の見解は、様々な研究を通して否定されたが、統一新羅仏教史における華厳の役割と位相は、決して無視することは出来ないであろう。統一戦争期の義相の活躍とそれに対する王室の尊崇にもかかわらず、華厳がすぐに統一新羅の仏教界の主流として登場することはなかった。しかし時間が経つにつれ華厳の位相は高まり、新羅仏教界の支配的な流れとしての位置を占め、禅宗が台頭した後にも、その伝統を維持して高麗時代まで仏教界の最も重要な流れとして持続した。したがって、統一新羅時代の華厳の台頭や発展過程に対する理解は、統一新羅時代の仏教だけではなく、以後の韓国仏教を理解するのにも重要な内容であるといえる。本稿では、統一新羅時代の華厳に関する様々な資料を通して、実際、新羅の仏教界における華厳の位相がどのように変化し、その思想内容はどのようなものであったのかを総合的に検討する。

一　八世紀半ば　義相系華厳の台頭

唐から華厳学という新たな思想を導入した義相は、王室と貴族たちの歓迎と尊敬を受けたが、彼らの後援を拒否して都から離れた太白山（慶尚北道北部）地域に入り、辺方の仏教人として過ごした。一般的に華厳学は膨大で複雑な教学体系により特徴付けられるが、義相の場合、複雑な教学体系を研究するよりも直接的な修行を通して、華厳学の教えを悟ることを重視する思想傾向を持っていた。[7]特に彼は自分の体［肉身］を利用した直接的な体得、あるいは直観を通した悟りを重視した。また経典的根拠や論理的説明より、師匠から伝えられる口伝の秘密的な教えを重視した。[8]このような義相の思想を継承した新羅の華厳学派は、統一新羅前期の仏教界では主流的な位置を占めることはできなかった。

統一以後、八世紀半ばまでの新羅中代[9]の仏教の主流的な流れは、多様な仏教思想に対する総合的な教学研究であった。当時、中国との活発な文化交流を背景に中国仏教界で研究されている多様な教学理論が幅広く伝えられ、新羅の仏教界ではこれらを総合的に受容し理解することに努力を傾けていた。都の大寺院では、仏教教学に対する総合的な研究が大きく発展し、元暁、義寂、憬興、太賢などの大著述家が相次いで出現し、活発な著作活動を行った。彼らは特定の経典に限らず、多様な経典と論書とを対象に幅広い注釈作業をおこなったが、その中でも唯識学に対する研究が特に活発であった。中国で玄奘（六〇〇―六六四年）とその弟子たちにより、七世紀後半以来、集中的に翻訳された唯識学関連経典と論書に対する理解は、最新の思想的潮流として多くの人々の関心を集めただけでなく、唯識学の複雑で難解な理論体系および唯識学の理解をめぐって行われた学派内外の論争などが、唯識学に対する関心を増大させたためと考えられる。実際、中代の大著作家である元暁、義寂、憬興、太賢などの著作目録の中で唯識学関連の文献は、相当の比重を占めている。[10]

また中代の学者たちは『大乗起信論』を重視した。新羅中代の仏教学の先駆者である元暁は、『大乗起信論』に対する集中的な研究を通して独自の仏教学体系を樹立し、以後、新羅仏教界で『大乗起信論』は極めて重視された。義寂の著作の中には『馬鳴生論疏』という文献があったというが、初期の仏教界で『大乗起信論』を『馬鳴論』と呼んだことを考慮すると、『大乗起信論』に関する注釈書の可能性が高いと考えられる。また唯識学を集中的に研究して後代に新羅の法相宗の祖師と呼ばれた太賢にも『大乗起信論古迹記』[11]という著作があった。互いに対立する理論を調和させる『大乗起信論』の思想的傾向が、様々な経論に対する総合的研究を志向した新羅中代の仏教界の思想傾向と一致していたものと考えられる。ところでこのような新羅中代の総合的学問仏教は、八世紀半ば以後になると急速に衰退する。太賢以後、新羅仏教界の著作活動が急速に衰退し、これ以後に多様な著作を残した僧侶は見えない。

八世紀半ば以後、既存の総合的学問仏教に代わり仏教界の主流として登場したのは義相系の華厳学と、真表系の占察法と連結した弥勒信仰であった。八世紀半ば以後で行跡が知られる僧侶の大部分が義相系と真表系であり、それ以外の僧侶たちの活動は、あまり確認されていない。元来、都から遠く離れた地域で活動していた義相系の門徒たちは、景徳王代（七四二―七六五年）に入り、都に進出して活動しながら、王室と貴族たちの後援を得て華厳思想を積極的に広めた。義相の弟子である表訓と、孫弟子である神琳は、慶州の寺院で華厳思想を講義し、宰相の金大城が創建した仏国寺と石仏寺（石窟庵）、そして王室の願刹である皇福寺に住職するようになった。彼らの活動に力を得て、王室の願刹である皇福寺に住職するようになった。彼らの活動に力を得て、義相系華厳学は徐々に仏教界の主流的位置を占めるようになった。一方、地方の出身である真表も、景徳王代を前後して占察法と弥勒信仰とを掲げて新たな信仰運動を展開した。最初に全州の金山寺とその周辺地域で教化を始めた真表は、弟子たちとともに全国を巡回し、俗離山、金剛山、八公山などで教化を繰り広げ、勢力を全国的に拡大した。真表とその門徒たちの影響力が拡大する中で王室とも関係を結ぶようになったが、景徳王は真表を宮廷に招請して直接菩薩戒を受け[12]、憲徳王（在位八〇九―八二六年）の息子である心地は、真表の弟子である永深の門下で出家したと伝わる。[13]

このように八世紀半ばの景徳王代を境として、既存の総合的な学問仏教が衰退し、義相系華厳学と真表系の弥勒信仰が大きく勢力を拡大して仏教界の中心勢力として登場するようになった。ところで義相系華厳学と真表系弥勒信仰は、思想的に様々な経典の教えを総合的に研究するよりも、一つの経典だけを重視する姿を示す。義相系の場合、『華厳経』を最高の経典として絶対視して、『華厳経』に他の全ての経典の教えが含まれていると主張し、真表系では『占察経』を中心経典として、それに基づいた信仰を実践した。また彼らは教学よりは、体を利用する実践を重視する面でも共通点を見せている。義相系華厳学が理論より自分の体を利用した直接的な体得、あるいは直観を通した悟りを重視していたことは、前述した通りであるが、真表系の弥勒信仰も修行の方法として、瞑想を通した仏菩薩との出会いと、それを実現するための苦行的懺悔行を特別に重視した。このように八世紀半ば以後に登場した義相系華厳学と真表系の弥勒信仰は、一つの経典の教えだけを重視しながら、体を直接に使う宗教的な実践を重視したが、これは中代の仏教が、多様な経典を総合的に研究しながら教学に対する理論的研究を重視していたのとは極めて対照的である。このような点から統一新羅の仏教界は、八世紀半ばを基準として、綜合的・学問的仏教から宗派的・実践的な仏教へ転換していったと言うことができるであろう。

八世紀半ば以後、義相系華厳学と真表系弥勒信仰が仏教界の主要な流れとして登場したが、その中でも中央の仏教界を主導したのは義相系華厳学であった。義相系が王室と貴族たちの後援の下に、都にある皇福寺と仏国寺で活動したのとは異なり、真表系の場合、主要寺院がみな都から遠く離れた地域に位置し、中央勢力の直接的な後援もほとんど確認されていない。肉体的な苦行と偶然性の強い占察法を重視する真表系の宗教的性格上、中央の貴族層よりは地方民たちから大きな共感を受けたものと見られる。反面、一定の教理体系を持ちながらもこれを簡潔に整理した義相系の場合、既存の教学仏教の代案として中央の貴族たちの後援を受けるのに適合したと考えられる[14]。

義相系華厳学が影響力を拡大する過程では、特に八世紀半ばを前後して活動した表訓の役割が重要であったものと見られる。表訓は、都から遠く離れた浮石寺および周辺地域で修行に没頭していた師の義相や同門の先輩たちと異なり、都の慶州に進出し、貴族および王室と密接な関係を結んだ。『三国遺事』には、彼が国王の要請で天宮に登り、天帝に王子の出生を願ったという話が伝わるほか[15]、後代の華厳学文献には、仏国寺を創建した宰相・金大城が彼から義相系の華厳学の真髄を学んだという[16]。彼はまた慶州で王室の願刹である皇福寺で活動したが[17]、これは彼が当時、王室の特別な尊崇を受けていたことを示すものといえる。このような彼の王室と貴族たちに対する影響力は、華厳が都の慶州で勢力を拡大するのに大きな役割をしたであろう。

表訓がなぜ慶州で活動するようになったのかは明確ではないが、神秘的能力を持った神僧としての名望が重要な契機となったのではないかと考えられる。『三国遺事』にはその神秘性に関して天宮に往来したことだけを述べているが[18]、同書でそれ以後、新羅に聖人が出なかったと述べていることから見ると[19]、当時には神僧としての名望が相当高かったものと見られる。景徳王は、中代の国王としては珍しく僧侶たちとの交流に積極的であったが、彼が交流した僧侶は、大部分が神秘的な能力を持ち、大衆的な名望を得ていた人物たちである[20]。表訓もそのような性格の僧侶と見ることができ、神僧としての名声により都に招請され、以後、継続して都に留まりながら王室および貴族と緊密な関係を結んでいたものと見られる。景徳王代に、神秘的な能力を持ち、大衆の関心の中で浮上した多くの僧侶たちの中でも、表訓は王室と貴族層にまで影響を及ぼしていたが、それにより彼が修学し発展させた義相系華厳思想が、八世紀後半以後、新羅仏教界の主流的な位置を占めたのである。

表訓の活動として、義相系華厳の位相を高めたことは、新羅仏教界の代表的な人物を奉安した興輪寺の金堂に、義相と表訓とが追加奉安されたことからもわかる。新羅の仏教公認とともに建立された興輪寺の金堂には、東に我道、厭髑、恵宿、安含、義相など五名が、西に慈蔵、恵空、元暁、蛇巴、表訓など五名の塑像が奉安されていた[21]。彼らの配置された順序を見ると、東と西のどちらも当該人物の活動時期の順序にしたがって配置したものと見られる。そして東と西とを比較すると、東の人物の活動時期が、西の人物より早い。そうすると、興輪寺の金堂の配置は東から西へと時間的順序にしたがって配置したものと見ることができる。南向きの殿閣で、東が西より優越した位置であったことを考慮すると、これは当然の配置であるといえる。ところで東の最後の人物である義相の場合、表訓を除いた西の人物よりも活動時期が遅いという問題がある。慈蔵、恵空、元暁などはみな義相より先輩であり、生没年を正確に知ることができない蛇巴（蛇福）も、元暁と彼が友達のように過ごし、元暁が直接、彼の葬式を執り行ったということから見て、義相より前の時期の人物であったことがわかる。[22]大部分の人物が時期順で奉安された中、義相だけが時期的な順序から離れているのは、義相の塑像が他の人物に比べて遅く奉安されたことを示すものといえる。義相と表訓が東と西の最後の人物という点から、二人の塑像は、他の人物の塑像がすでに奉安された状態で後代に追加奉安されたと見なければならないであろう。そして、その奉安の時期は、表訓が仏教界で重要な人物として浮上した以後、おそらく彼の入寂以後であったであろう。すなわち義相は、その名声にもかかわらず、彼の入寂直後には新羅を代表する聖人として尊崇を受けることはなかったが、弟子の表訓が仏教界の中心人物として台頭してから聖人として他の先輩の高僧たちとともに興輪寺の金堂に奉安されたのである。義相と表訓が興輪寺の金堂に奉安された正確な時期はわからないが、大体、表訓の入寂した時期と考えられる八世紀後半から[23]新羅社会が混乱に陥る九世紀末以前の時期と考えられる。その時期に新羅仏教を代表する神聖な人物の中、遅れて表訓とその師である義相とが奉安されたのは、当時、義相系華厳学派が仏教界で重要な位置を占めており、その中心に表訓の活躍があったことを示すものと見ることができよう。

二　八世紀の非義相系華厳学僧

八世紀半ば以後、義相系の華厳学が仏教界の主流的な流れとして登場したが、そのごろに活動した華厳学僧の中には、義相系に属さない僧侶たちも見えている。『華厳経義綱』、『心源章』などを著わした可帰、『華厳経開宗決疑』・『華厳経要決』・『華厳経真流還源楽図』・『大乗起信論珠網』・『大乗起信論捨繁取要』などを著わした縁起、そして『華厳経文義要決問答』を著わした表員などである。彼らの著作は後代の義相系文献に全く引用されておらず、著作の性格においても義相系と違いがある。

可帰は七世紀末、唐に留学して法蔵の門下で修学して帰国した勝詮の弟子であり、その教えを継いだ人物である。[24]勝詮は六九二年に帰国し、法蔵の付託により義相に法蔵の手紙と著作を伝えたが、以後、義相系とは別に門徒を育成して華厳思想を教授した。『三国遺事』には、彼が尚州管内の開寧郡（慶尚北道西北部）地域に寺院を造り、石髑髏を相手に華厳を講義したと記している。[25]都から離れた開寧郡で活動し、石を相手に講義したということから見て、勝詮の場合も、当時の仏教界の周辺部で活動していたことがわかる。特に石を相手にして講義したという話は、中国の南北朝時代初期の僧侶である道生が、自分の闡提成仏説が受け入れられないと虎丘山に入り石を相手に講義したという故事を連想させるもので、勝詮の教えが当時の仏教界で容易に受け入れられなかったことを暗示するものと解釈される。勝詮の門徒は可帰以外には確認されない。勝詮が開創し住した寺院は、七五八年に、後に元聖王（在位七八五―七九九年）となる貴族家門と関連する人々により重創され葛項寺と呼ばれるようになるが、重創当時、葛項寺には可帰あるいは彼の門徒たちが住職していたものと考えられる。[26]

可帰の著作は現在伝わらず、内容を知ることが出来ないが、題目からその性格が推定できる。『心源章』は師の勝詮の教えを整理したものであるというが、題目から見る時、心源すなわち心の根源に対して論じたものと考えられる。『大乗起信論』の「覚心源」と法蔵の『妄尽還源観』を連想させる題目であり、『大乗起信論』の影響を受け、心の本来の清浄さを重視した法蔵晩年の思想を継承した内容であったと考えられる。『華厳経義綱』も伝わらないが、題目から見て『華厳経』あるいは華厳学の核心の内容と理論を整理した概説書の性格の書物と考えられる。法蔵の弟子の文超の著作『華厳経文義綱目』を思わせる題目であるが、『華厳経文義綱目』の場合、十個の主題で晋訳『華厳経』の性格と特徴を説明している。[27][28]

縁起の具体的な師承関係はわからないが、七五四年に彼が発願して造成した白紙華厳写経（周訳）の発願文には皇龍寺の僧侶と記録されている。彼はまた智異山華厳寺を開創した人物として知られているが、白紙華厳写経（周訳）の制作には、華厳寺が位置した武州地域の多数の人物が参加していることや、慶州を大京と表現していることから見て、白紙華厳写経（周訳）は、実際に華厳寺で縁起の主導下で制作されたものと考えられている。華厳寺の創建時期は正確にはわからないが、新羅時代に華厳寺の仏殿を装飾していた華厳石経（晋訳）が、七五四年に作られた白紙華厳写経（周訳）と比較して、同じ時期に制作されたものと推定されており、七五〇年頃にはすでに創建されていたものと考えられる。華厳寺の創建には慶州の貴族の後援があったものと見られる。彼の著作は『華厳経』と『起信論』に対するものであるが、高麗時代の大覚国師義天も、彼が『華厳経』と『起信論』を主として講義したと述べていることから、彼の主たる学問的な関心が、この二つの書物にあったことがわかる。大覚国師義天は、彼の伝記を引用して、三千名の弟子がいたと述べているが、当代の『華厳経』および『起信論』に対する代表的な学者であったと思われる。彼の著作はいずれも伝わらないが、題目から見て『華厳経要決』と『華厳経開宗決疑』は、『華厳経』に関する主要な争点となる事項を整理したもので、『華厳経真流還源楽図』は、『華厳経』の内容に依拠して真如の随縁と還源とを図で表現したもので、法蔵の『妄尽還源観』と似た思想的な立場が表現されたのではないかと考えられる。『大乗起信論珠網』と『大乗起信論捨繁取要』は、それぞれ『大乗起信論』に対する注釈書および綱要書と考えられる。[29][30][31][32][33][34]

これら可帰と縁起の著作の具体的な内容はわからないが、題目から見て、二人の著作には思想的な共通点が見える。両者とも『華厳経』および華厳学の主要な内容を整理することに関心があり、『大乗起信論』とも思想的な親縁性が見えている。縁起の師承は正確にはわからないが、勝詮―可帰の系列と一定の関連があったのではないかと考えられる。活動時期を見ると、縁起は可帰と同時代、あるいは弟子の世代に該当する。

表員は、皇龍寺の僧侶ということだけがわかり、具体的な行跡は知られていない。彼の著作『華厳経文義要決問答』（四巻）は、可帰や縁起の著作とは違って現在まで伝わっている。日本の古文書に七五一年の筆写記録があることから、それ以前に撰述されたことがわかる。これは『華厳経』および華厳学の主要な概念［七処九会、説経時、説経仏、六相、数十銭喩、縁起、探玄、普法、発菩提心、実際、如如、法界、一乗、分教、十住、十行、十廻向、十地］について説明する十八個の章［義］から構成されており[35]、各章ごと、当該の概念に対して体系的な説明を提示している。主として歴代の学者たちの著作内容を引用して説明する形式をとっており、著者自身の独自の見解は、ほとんど提示していない。本書では義相の見解を引用してはいるが、それほど重視していない。反面、法蔵と元暁、そして中国の地論学者である慧遠と憬、法蔵の弟子・恵苑の見解が多数引用されている[36]。その中でも法蔵と慧遠、元暁の見解は何らの批判なく受容するなど、たいへん尊崇されている。『華厳経文義要決問答』は、題目や体裁からみて、可帰や縁起の『華厳経』関連著作と相通じ、法蔵の著作を重視しているという点で、思想傾向においても可帰や縁起の著作と似た立場であったと考えられる。現在、可帰と縁起などの著作が伝わらない状況で、『華厳経文義要決問答』は、八世紀の非義相系華厳学の唯一の文献として、特別な意味を持つといえる。

義相系僧侶たちが義相の思想に全面的に依拠しながら、理論に対する探究より実践修行に集中していたのとは異なり、可帰と縁起、表員などは『華厳経』の内容と華厳学の主要理論を教学的に検討する傾向を持っていたと見られる。思想的に彼らは『華厳経』と『大乗起信論』を重視し、法蔵の影響を大きく受けているものと見られる。反面、同時代に新羅で影響を拡大していた義相の華厳思想については、あまり関心をもたなかったものと見られる。これは義相の著作が少なかっただけでなく、著作の内容も概念に対する説明より修行を通した体得に重点を置いているためだったからであろう。このような点で彼らは統一新羅初期の総合的な学問仏教の研究傾向を継承したと見ることができる。すなわち特定の学派の理論だけでなく、『華厳経』および華厳学に関する既存の理論を総合的に研究する統一新羅前期の仏教界の思想的な傾向と通じるものであった。義相系の場合、『大乗起信論』をほとんど引用しないだけでなく、思想的にもそれほど重視しなかった[37]。

ところで、このように綜合的な学問仏教の立場から『華厳経』を研究する姿は、八世紀前半　新羅の仏教界を主導していた太賢にも見られる。太賢には現在は伝わらない『華厳経古迹記』という著作があったが、「古迹記」という名前と、彼の他の著作の内容からみて、『華厳経』に対する既存の見解を総合したものであったと考えられる。太賢はまた『大乗起信論』にも関心を持ち、『起信論古迹記』も著わしている[38]。ただ太賢は唯識学者として『華厳経』と『大乗起信論』にも関心を持っていたのに対して、可帰と縁起、表員などは、華厳学専門家であり、ほかの経典の教学には関心がなく、既存の華厳学を総合的に整理しようとしたという違いがある。

八世紀半ばに活動した非義相系華厳学僧である縁起と表員が、ともに皇龍寺の僧侶であったという点が注目される。皇龍寺は王宮から最も近い寺院であり、慶州最大の寺院として、当時、教学仏教の中心であったと言える。ところで八世紀半ばに、ここに所属していた僧侶たちが『華厳経』に関心を見せ、積極的に研究していたという事実は、当時、華厳学が仏教界の主要な関心事であったことを示すものである。『三国遺事』には、七五二年と七五三年の旱魃の時に、それぞれ太賢と皇龍寺の法海が『金光明経』と『華厳経』を講説して雨を降らそうとしたところ、法海の神秘的な能力が大きかったという話を収録しているが[39]、これはこの時期に皇龍寺を中心として活動する華厳学僧たちが、唯識学僧より多く尊崇され始める仏教界の変化を象徴的に示すものと考えられる。皇龍寺をはじめとした慶州の仏教界での華厳学に対する関心の増大は、当時、唐の仏教界で法蔵の華厳学の影響が拡大したことを反映したものとみられる。唐で皇室の支援下で活発に活動していた法蔵の仏教思想は、唐と密接に交流していた新羅にも影響を及ぼすようになり、自然に華厳学、特に法蔵の著作に対する関心が高まったものと思われる。七五〇年頃に表訓をはじめとした義相系華厳学僧が都の慶州で活動するようになった背景には、このような皇龍寺をはじめとする慶州の仏教界の華厳学に対する関心の高まりがあったと考えられる。

三　九世紀　義相系華厳学の発展と変化

　八世紀後半に仏教界の重要な流れとして登場した華厳学は、九世紀にも王室の後援を受けて仏教界の主流的な位置を確保していった。八世紀末の王権をめぐる貴族の間の葛藤を終息させ、新たな王統を樹立した元聖王（在位七八五―七九九年）とその子孫たちも、以前の景徳王、恵恭王と同様、華厳学僧たちと緊密な関係を維持しながら華厳学を重視した。元聖王は皇龍寺の僧侶・智海を王宮に招聘して五十日間『華厳経』を講義させ[40]、神琳の弟子である順応が八〇二年、伽倻山に海印寺を創建する時には、夭折した元聖王の長男・仁謙の夫人で、当時、国王の哀荘王（在位八〇〇―八〇九年）の祖母である聖穆太后が積極的に後援した[41]。元聖王の三男・礼英の四世孫である景文王（在位八六一―八七五年）は、八六五年に元聖王の願刹である鵠寺を大きく重創する中で、華厳大徳の決言を招聘して『華厳経』を五日間、講義させた[42]。景文王の息子・定康王（在位八八六―八八七年）は、兄である憲康王（在位八七五―八八六年）の冥福を祈るために、華厳学の僧侶・賢俊に『華厳経』を講義させ、彼の建議により、『華厳経』を写経する華厳経結社を組織した[43]。また、正確な年代はわからないが、九世紀後半に国王の発願により江原道の三陟地域の寺院に鉄造盧舎那仏像を造る時、決言が大大徳としてこれを主導した[44]。このように、九世紀の元聖王系の王室は華厳学を重視し、華厳学僧と王室は、密接な関係を結んでいた。このような王室の後援の中で、華厳学は仏教界の主流としての立地を確立していくことができたのである。

　九世紀の華厳学の発展の姿は、華厳学を専門的に研究する寺院が全国各地に分布していることを通しても確認できる。九〇四年に崔致遠が著わした〈法蔵和尚伝〉には、当時、新羅で華厳学を専門的に学ぶ華厳大学之所として、美理寺（中岳公山）、華厳寺（南岳知異山）、浮石寺（北岳）、海印寺（康州迦耶山）、普光寺（康州迦耶山）、普願寺（熊州迦耶峡）、岫寺［あるいは岬寺］（熊州鶏龍山）、華山寺（朔州）、梵魚寺（良州金井山）、玉泉寺（良州毘琶山）、国神寺（全州母山）、青潭寺（漢州負児山）など、十余箇所を挙げている[45]。これら華厳大学は全国の各地域にあまねく分布しているが、これは九世紀を経て華厳学が既存の浮石寺と華厳寺だけでなく、全国各地域に広まったことを示すものである。ところでこの中に慶州の華厳学の拠点であった仏国寺と皇福寺、皇龍寺などが言及されていないのは、すでに後三国時代に入り、新羅の中央政府の位相が弱まり、都・慶州の寺院の影響力が大きく衰退したことを示すものと考えられる。

この華厳大学之所は、位置により大きく二つの部類に区分できる。第一には、地域の中心地から離れた深い山中に位置する寺院で、華厳寺、浮石寺、海印寺、普光寺、華山寺などである。第二には、地域の中心地附近の山に位置する寺院で、美理寺、岫寺［あるいは岬寺］、梵魚寺、玉泉寺、国神寺、青潭寺などである。美理寺が位置した公山と、玉泉寺が位置した毗瑟山は、大邱の北側と南側の代表的な山であり、岫寺［あるいは岬寺］が位置した鶏龍山、梵魚寺が位置した金井山、国神寺が位置した母（岳）山、青潭寺が位置した負児山なども、それぞれ公州、東萊、全州、漢城（ソウル）附近の代表的な山である。第一の部類の寺院は、比較的早い時期に創建され、創建者と創建背景などについてある程度知ることができる。浮石寺と華厳寺はそれぞれ義相と縁起が創建し、華山寺は義相の孫弟子である神琳が住職していた世達寺と同じ寺院で神琳により創建された可能性が高い。一方、海印寺は、神琳の弟子・順応により九世紀初めに創建され、同じ伽耶山に位置した普光寺は、海印寺の影響を受けて創建された可能性が高い。第二の部類の寺院は、いつ誰によって創建されたのか確認されないが、大部分は九世紀以後、華厳学が発展する中で当該地域に進出した華厳学僧たちにより創建されたものと考えられる。主要な地域中心地の近くに華厳学を専門的に研究する寺院が建立されたのは、華厳学が仏教界の主流的位置を占めていたことをよく示すものといえる。

ところで九世紀の華厳学の中心は義相系華厳学であったと見られる。この時期に王室と関連した華厳学の僧侶たちとしては、大部分が義相系の僧侶が表れているだけでなく、九世紀後半の華厳学の祖師たちを宣揚する活動も義相系華厳学僧たちにより主導されている。王室の後援を受けて、海印寺を創建した順応は、義相の法孫である神琳から華厳を学び、定康王の時に華厳経結社を建議していた賢俊［玄準］も義相の法孫と自負していた。[47]賢俊は九世紀後半に、順応が創建した海印寺を重創し、そこに住職していたが、順応の教えを継承していた可能性がある。一方、崇福寺の落成法会で『華厳経』を講義した決言は、賢俊とともに義相の師である智儼の恩恵に報ずるために僧侶たちの結社を結成したが、[48]そのような点から、賢俊と同様、義相系に属していた可能性が高い。九世紀後半には、華厳学の祖師たちを宣揚する活動も活発に挙行されたが、この時、宣揚された祖師たちはみな義相と関連した人物たちであった。すなわち、義相と義相の師の智儼を宣揚するために忌晨法会を挙行する結社が組織され、義相と義相の同門である法蔵の伝記が編纂されたが、智儼と法蔵を顕彰する文章でも、彼らと義相の関係が特別に強調されている。このような華厳学の祖師に対する宣揚活動は、当時、新羅社会で勢力を拡大していた禅宗に対抗する性格を持つものであるが、[49]同時に義相の新羅華厳の初祖としての位相を確立するためのものと見られる。義相系僧侶たちが義相とその師匠である智儼、そして義相の同門である法蔵を積極的に宣揚しながら華厳学の優越性と正当性を掲げ、その過程で義相を海東華厳の初祖と確立しようとしていたのである。

一方、九世紀の華厳学と関連した教学的な研究においても、義相系華厳学僧たちの姿だけを伝えている。この時期、華厳学僧たちの教学研究については、高麗初期の十世紀半ばに活動した均如の著作と、高麗後期に編纂された『法界図記叢髄録』に紹介された内容を通して知ることができるが、ここに言及される新羅下代の僧侶たちは、大部分が神琳の思想を継承する義相系の僧侶たちである。均如が義相の嫡孫を自負し、『法界図記叢髄録』が義相の『法界図記』に対する注釈書を集めたものであるという点で義相系僧侶たちが主に言及されるのは当然のことであるが、それでも他の資料にも非義相系の華厳学僧の姿はほとんど見えないという点から、当時の華厳学内部で非義相系華厳学僧の活動は極めて微々たるものであったと考えられる。

本来、義相は王室の後援を拒否し、都から遠く離れた太白山地域で弟子たちと修行共同体を作って生活していたが、八世紀半ばに、一部の門徒たちが都の慶州に進出し、王室と貴族の後援を得るようになってから、義相系華厳学派は、都の仏教界の主要な流れの中の一つとして台頭し、九世紀には王室と最も密接に連結した系派として、慶州地域だけでなく、全国的に幅広い影響力を及ぼす仏教界の中心的な流れに位置を占めるようになった。義相系華厳学派が強調する『華厳経』の絶対性が、弱まっていた王権を補完し守護する思想として王室から注目されたのではないかと考えられる。義相系華厳学と王室との密接な連結は、後三国時期と高麗にも継承された。海印寺の義相系［北岳派］華厳学僧・希朗は、後三国戦争期に高麗の王建を支持し[50]、王建は統一戦争の最後の戦場であった燕山地域に華厳学寺院である開泰寺を創建し、華厳法会を開き、後三国統一を記念した。統一後、王建は自分と近い華厳学僧・坦文に希朗の教えを継がせ、坦文とその後輩である均如は、希朗の思想を土台として高麗華厳学の基盤を準備した[51]。

義相系華厳学が仏教界を主導していた九世紀、とくに九世紀後半には、新たに受容された禅宗も、その勢力を拡大して行っていた。九世紀末になると、むしろ禅宗勢力が華厳学を凌駕する状態に至った。多数の禅師たちが王室と地方有力者たちの尊崇を受け、彼らが建てた禅宗山門が全国各地に出現した。そして、彼らの行跡を記録した禅師碑が、王室の許諾の下、各山門に続々と建立された。ところで、新羅禅宗の初期の禅師たちの多数は、最初に華厳学を修学し、途中で禅へ転向した人々であった。碑文を通して行跡が確認される新羅末の禅師二十七名中、最初に華厳学を修学して禅宗に転向した人は全部で十三名に至る。残りの禅師の中、最初から禅宗を修学した人は十二名であり、二名は最初に教学を修学したが、どのような内容の教学なのか確認されない[52]。最初に唯識学を修学して禅宗へ転向した人物は確認されない[53]。このように禅宗勢力が急速に拡大し、多数の華厳学僧たちが禅宗へ転向したことに対して、初期の研究では、華厳から禅宗へ仏教界の主流的な流れが交替し、その過程に衒学化した華厳に対する禅宗の批判とそれによる両者の葛藤があったと理解された[54]。しかし、その後、禅宗の隆盛にもかかわらず、華厳が依然として一定の勢力を持っていたという見解が提示され[55]、また九世紀の新羅華厳学の主流であった義相系華厳学の研究が深化されるにつれて、二つの思想の共通点に注目しながら、この時期の禅宗の急速な発展は、既存の主流的な流れであった義相系華厳学を背景としたものであり、両者の間に大きな思想的な対立はなく、むしろ相互に緊密な関係にあったという見解が提示されている[56]。この立場では、禅宗の発展により華厳学がすぐに衰退したのではなく、むしろ禅宗の影響を受け、それに対応する中で華厳学が新たに発展していったものと理解している[57]。実際、義相系華厳学は、禅宗が勢力を奮った九世紀後半にも依然として相当な勢力を維持しており、禅宗との思想的な対立もそれほど確認されていない。しかし、九世紀後半以後になると、多数の有力な禅師たちの活動が確認されるのとは異なり、華厳学僧の活動に対する記録は相対的に少なく[58]、思想的にも実践修行を重視していた以前の時期とは異なり、注釈的な研究と理論の体系化が重視されたことから考慮して[59]、九世紀後半以後の義相系華厳学の実際の姿については、今後より詳細に検討される必要があると考えられる。

おわりに―新羅華厳と日本の華厳

これまで検討してきたように、新羅の華厳は、七世紀半ばに義相により将来されたが、八世紀半ばまで仏教界の主流的な流れではなかった。義相は、都から離れた太白山地域で活動し、その弟子たちも附近の地域で活動した。七世紀末、義相の同門の後輩である法蔵の門下で修学して帰国した勝詮も、都から遠く離れた開寧郡の山中で修行に尽力した。七世紀半ばから八世紀前半までの統一新羅前半期の仏教界の主流的な流れは唯識学であり、唯識学に重点を置きながら、同時に多様な経典に対して研究し注釈を行う僧侶が当時の仏教界を主導した。

八世紀前半に入り、都である慶州の仏教界においても華厳学が活発に研究され始めたが、それは当時、中国［唐］仏教界における華厳学の隆盛が新羅にも影響を及ぼしたからと考えられる。初めは法蔵と元暁の華厳学の著作、そして二人が重視した『大乗起信論』思想に依拠して研究していたが、華厳学に対する関心が高まる中で義相系の僧侶たちも慶州に入り活動し始めた。王室と貴族たちの後援の下で華厳学は急速に勢力を拡大し、八世紀半ばには唯識学と競争しながら仏教界の中心的な流れに位置を占めるようになった。九世紀に入り、華厳学はさらに発展した。全国各地に華厳を専門的に研究する寺院［華厳大学］が出現し、持続的に王室との密接な関係を結び、華厳学は仏教界の主流の位置を確固たるものにした。九世紀後半に入り禅宗が新たに伝来し、大きく勢力を拡大したが、華厳はこれに対して自分たちのアイデンティティをより強化し、新たな信仰要素を導入し、影響力を引き続き維持した。新たに変化した華厳は、新羅末、後三国の変動の中でも勢力を失わず、高麗が建国された後には、より発展して仏教界を主導して行った。

八世紀半ば以後の華厳の発展は義相系の発展であった。八世紀前半まで仏教界の辺方に止まっていた義相系は、華厳学の台頭とともに急速に発展した。八世紀後半以後、義相系は、華厳学内部の主流となっただけでなく、仏教界全体の主流となったのである。煩瑣な理論的研究よりも内面の仏性を体得する実践的な修行を重視した義相系華厳学は、新羅の仏教界を大きく変化させただけでなく、九世紀後半以後に登場する禅宗の思想的基盤ともなった。義相系華厳学を修学した僧侶たちが禅宗の受容の中心的な役割を行い、義相の思想は禅宗にも少なからず影響を与えた。新羅末以後、華厳と禅宗とは相互に影響を与えながら共に韓国仏教界の主流的な流れを形成した。

新羅の華厳学は、日本の古代の華厳宗の成立に重要な影響を及ぼした。八世紀前半、新羅に留学していた審祥は、当時、慶州地域で新たに台頭する華厳学を修学して、これを日本に伝え、これを土台として日本の華厳宗が成立した。審祥が将来した多数の華厳学文献と新羅の仏教学は、日本の古代の華厳学の思想的土台となった。両国で華厳学が大きく台頭した八世紀半ばに、審祥は両国の華厳学を連結する重要な媒介者の役割を果たした。しかし、新羅と日本の古代の華厳学の思想的傾向には違いがある。新羅の華厳学が、義相系が中心となり義相の思想を基盤として発展したのとは異なり、日本古代の華厳学は、法蔵と元暁の思想が重視された。八紀半ば以後に台頭した義相系の華厳学は、日本の古代華厳学に大きな影響を及ぼすことが出来なかった。九世紀以後、義相系の文献が日本に伝わったが、思想的な基盤が異なる中で、大きく注目されることはなかった。[60]

（チェ　ヨンシク・韓国・東国大学校教授）

註

（1）華厳宗を通して新羅中代の仏教を理解しようとしたのは、李基白『韓国史新論（改訂版）』（ソウル、一潮閣、一九七六年）一〇〇―一〇一頁と、安啓賢「新羅仏教」『韓国史』三（ソウル、国史編纂委員会、一九七六年）などで提示され、新羅下代の仏教を禅宗と関連して説明したのは、崔柄憲「新羅下代　禅宗九山派の成立」『韓国史研究』七（ソウル、韓国史研究会、一九七二年）から始まる。

（2）金相鉉「新羅　中代　専制王権と華厳宗」『東方学志』四四（ソウル、延世大学国学研究院、一九八四年）。
金福順「新羅　中代　華厳宗と王権」『韓国史研究』六三、一九八八年。

（3）鎌田茂雄「華厳哲学の根本的立場」『華厳思想』（中村元編）（京都、法藏館、一九六一年）。
鎌田茂雄『中国華厳思想史の研究』（東京、東京大学出版会、一九六五年）、一四四―一四九頁。

（4）南東信「義相（義相）華厳思想の歴史的理解」『歴史と現実』二〇（ソウル、韓国歴史研究会、一九九六年）四七―五三頁。石井公成は、華厳思想を、君主を中心とした統合のイデオロギーと把握することは、日本の帝国主義を正当化しようとした右翼思想家たちにより最初に創案されたことを明らかにしたが（石井公成「大東亜共栄圏の合理化と華厳哲学（一）―紀平正美の役割を中心にして」『仏教学』四二（東京、仏教思想学会、二〇〇〇年）、石井公成「大東亜共栄圏に至る華厳哲学―亀谷聖馨の〈華厳経〉宣揚」『思想』九四三（東京、岩波書店、二〇〇二年））、法蔵の華厳思想に対する鎌田茂雄の批判的な態度は、このような統合のイデオロギーとして美化された華厳思想に対する批判の意味を持っているといえる。

（5）高翊晋「新羅下代の禅伝来」『韓国禅思想研究』（ソウル、東国大仏教文化研究院、一九八四年）。

（6）金相鉉「新羅下代　華厳思想と禅思想―その葛藤と共存」『新羅文化』六（慶州、東国大新羅文化研究所、一九八九年）。
金福順「新羅下代　禅宗と華厳宗　関係の考察」『国史館論叢』四八（果川、国史編纂委員会、一九九三年）。

（7）師である智儼は、二人の弟子、義相と法蔵に、それぞれ義持と文持という称号を与えたと伝わる。

（8）佐藤厚「義湘系　華厳学派の思想と新羅仏教における位相」『普照思想』一六（二〇〇一年）。

（9）『三国史記』では、新羅の歴史を上代・中代・下代と区分しているが、中代は、唐と軍事同盟を結び、統一戦争を始めた武烈王（在位六五四―六六一年）から恵恭王（在位七六五―七八〇年）までである。

（10）しかし、これらの新羅の唯識学者たちの思想的傾向は、当時、中国の法相宗の唯識学者たち、すなわち窺基およびその門下たちとは性格を異にする部分が少なくなかった。新羅の唯識学者たちは、中国法相宗の基本的立場である五姓各別説や「一乗方便三乗真実」の立場を主張せず、むしろ一切皆成の立場から一乗を強調する立場であった。彼らはまた研究態度においても唯識学を宣揚することに重点を置くよりも、当時、議論された様々な仏教理論を総合し、これを体系化するのに重点を置いていた。元暁は、一切皆成の立場を堅持しながら、いわゆる「和諍」を通じて多様な経典の教えと様々な学派の理論が矛盾せず、調和できるという理解方式を追求し、義寂は、唯識学を集中的に研究しながらも、中国の唯識学者たちが批判する一乗説を積極的に受容しようとした。太賢も多様な経典を総合的に研究し、中国の法相宗とは異なり、一乗思想に対しても友好的な姿を見せた。

(11) 現在　大正蔵第四四巻に収録されている『大乗起信論内義略探記』と同じ本と考えられている。

(12) 『三国遺事』義解第五〈真表伝簡〉。

(13) 『三国遺事』義解第五〈心地継祖〉。

(14) 義相系が、少数ではあるが華厳学の著作を残したのとは異なり、真表系の著作活動は全く確認されていない。

(15) 『三国遺事』紀異第二〈景徳王　忠談師　表訓大徳〉。

(16) 均如『十句章円通記』巻下（『韓仏全』四、六三頁上―中）。

(17) 皇福寺は、景徳王の祖父である聖徳王が父王である神文王と母后、そして兄である孝昭王の冥福を祈るために創建（あるいは重創）した王室の願刹であった。皇福寺址石塔から発見された舎利器銘文（七〇六年）によれば、六九二年に神文王の冥福を祈るために「禅院伽藍」に石塔を建立し、以後、神文王妃と孝昭王が死んだ後、聖徳王がその塔に仏舎利と無垢浄光陀羅尼経を奉安した。一方、義相は二十九歳の時の六五三年に皇福寺で出家したというが（『三国遺事』〈義湘伝教〉）、義相が出家する当時は、皇福寺がいまだ王室の願刹になる以前であった。

(18) 『三国遺事』義解第五〈義湘伝教〉でも、義相の代表的な弟子たちについて言及するなかで、表訓については「常往来天宮」と述べている。

(19) 『三国遺事』紀異第二〈景徳王　忠談師　表訓大徳〉「自表訓後、聖人不生於新羅云」。

(20) 景徳王が交流した僧侶、およびその交流の様相については、チョン・ポヨン「景徳王と僧侶の交流様相とその意味」『史学研究』一〇九（果川、韓国史学会、二〇一三年）に詳細に整理されている。

(21) 『三国遺事』巻三　興法第三〈興輪寺金堂十聖〉。

(22) 『三国遺事』巻四　義解第五〈蛇福不言〉。

(23) 表訓の没年はわからないが、後代の記録に、彼が七六〇年に皇福寺で説法した事実が見えている。（『法界図記叢髄録』巻上之一、T四五、七二一b）。

(24) 『三国遺事』巻四　義解第五〈勝詮髑髏〉。

(25) 『三国遺事』巻四　義解第五〈勝詮髑髏〉。

(26) 葛項寺の石塔に、七五八年に零妙寺言寂法師と照文皇太后（元聖王母后）の妳、敬信太王（＝元聖王）の妳など三男妹がこの石塔を建立したという石塔造成記（「二塔天寶十七年戊戌中立在之。娚姉妹三人業以成在之。娚者零妙寺言寂法師在旂、姉者照文皇太后妳在旂、妹者敬信太王妳在也。」）が記録されている。妳は乳母と考えられる。

(27) 「今総括此経七処八会事義差別、略開十門。一辨教起所因。二釈経題目。三明経宗趣。四説経時処。五辨定教主。六明衆数差別。七請説分齊。八所入三昧。九仏光加持。十正説品会。」（T三五、四九三a）。

(28) 文超の著作『自防遺忘集』（金沢文庫所蔵『華厳経義鈔』）には、元暁の『和諍論』と『華厳経疏』を引用するなど、元暁の思想を重視する姿が見えている。（崔鈆植「文超の著述と元暁思想受容の再検討」『東アジア仏教研究』一一、東京、東アジア仏教研究会、二〇一三年）。

(29) 盧明鎬　外『韓国古代中世古文書研究』（ソウル、ソウル大出版部、二〇〇〇年）四六七頁。

(30) 『新増東国輿地勝覧』巻四〇　求礼縣　仏宇「華厳寺在智異山麓、僧煙氣不知何代人建。」煙氣は縁起の同音異字と見られている。

(31) 文明大「新羅　華厳経写経とその変相図の研究」『韓国学報』一四（ソウル、一志社、一九七九年）五四～五五頁。
李基白「新羅　景徳王代　華厳経写経　關與者に対する考察」『歴史学報』八三（ソウル、歴史学会）、一二七頁。

(32) 華厳寺に伝わる華厳石経（晋訳）は、書体などからみて、華厳寺の開創祖・縁起法師の発願により七五四年に筆写された白紙華厳写経（周訳）と同じ人物により、似た時期、あるいは少し早い時期に制作されたものと推定されている（趙美英「〈華厳石経〉の造成時期　新考察」『木簡と文字』（ソウル、韓国木簡学会）九四―九六頁）。

(33) 白紙華厳写経（周訳）発願文には「成檀越新羅京師順□」という後援者の名前を記録したが中間に削除されている（盧明鎬　外『韓国古代中世古文書研究』（ソウル、ソウル大出版部、二〇〇〇年）、四六八頁。本写経の製作の後援者［（金）順□］の名前を記録しようとしたが、中間に何かの理由でこれを削除したものと考えられる。この写経の後援者が華厳寺創建の後援者である可能性が高いと考えられる。

(34) 『大覚国師文集』巻一七〈華厳寺禮縁起朝師影〉「偉論雄経罔不通（師平昔講演起信花厳）」一生弘護有深功。三千義学分燈後、円教宗風滿海東（本伝云伝教義学数三千）。」（韓仏全四、五五九b）。

(35) 巻第一（七処九会義、説経時義、説経仏義、六相義、数十銭喩義）、巻第二（縁起義、探玄義、普法義、発菩提心義、実際義、如如義）、巻第三（法界義、一乗義）、巻第四（分教義、十住義、十行義、十廻向義、十地義）。

(36) 『華厳経文義要決問答』の引用状況については、金天鶴訳註『華厳経文義要決問答』〈解題〉（一九九八年）四二三―四二八頁参照。義相の場合、全体四巻の中、三回の引用があり、その中の一回は義相の見解について批判的な意見を加えている。

(37) 佐藤厚「義湘系華厳学派の基本思想と『大乗起信論』批判―義湘と元暁の対論記事の背後にあるもの」『東洋学研究』三七（東京、東洋大東洋文化研究所、二〇〇〇年）。

(38) 『起信論古迹記』と同じ書物と見られる『大乗起信論内義略探記』は、大乗起信論の主要な注釈書について、元暁の『大乗起信論疏』、『大乗起信論別記』、『二障義』と法蔵の『大乗起信論義記』の内容を要約し整理している。

(39) 『三国遺事』義解第五〈賢瑜伽海華厳〉。

(40) 『三国遺事』紀異第二〈元聖大王〉。

(41) 崔致遠『孤雲先生文集』巻一〈海印寺善安住院壁記〉。

(42) 崔致遠〈崇福寺碑〉（『朝鮮金石総覧　上』一二二頁）。

(43) 崔致遠〈華厳経社会願文〉（『韓国仏教全書』第三巻、六四六頁）。この時に賢俊は興徳王代に王の兄弟である忠恭角干の夫人の冥福を祈るために組織された結社を模範として提示しているが、それも華厳経結社であった可能性がある。

(44) 江原道三陟　三和寺鉄造盧遮那仏像の背面の銘文に国王が決言大大（徳）などに仏像を造成するように言ったという内容が見えている。（金相鉉「三和寺　鉄仏と華厳業　決言大大徳」『文化史学』八（ソウル、韓国文化史学会、一九九九年）、四三六―四三八頁）。八六五年の鵠寺の重創法会において『華厳経』を講義するとき、大徳だった決言が、この銘文で大大徳となっているところから見て、三和寺の鉄造盧遮那仏像の造成は八六五年以後と考えられる。

(45) 崔致遠〈法蔵和尚伝〉（『韓国仏教全書』第三巻、七七五頁）「海東華厳大学之所有十山焉、中岳公山美理寺、南岳知異山華厳寺、北岳浮石、康州迦耶山海印寺、普光寺、熊州迦耶峽普願寺、鶏龍山岫寺、括地志所云鶏藍山是、朔州華山寺、良州金井山梵語寺、毘瑟山玉泉寺、全州母山国神寺、更有如漢州負兒山青潭寺也。」一方、『三国遺事』巻四　義解〈義湘伝教〉には、義相の教えを継承した主要な寺院として、「太伯山浮石寺、原州毗摩羅、伽耶之海印、毗瑟之玉泉、金井之梵魚、南嶽華厳寺」など六カ所を挙げている。この中、原州毗摩羅（寺）だけが崔致遠が提示した華厳大学之所に見えない。

(46) 後高句麗を建国した弓裔が、青年期に僧侶として住していたところとして有名な世達寺は、浮石寺から遠くない江原道寧越の太華山の西側のふもとにあったことが確認されているが（張俊植「世達寺の位置に対する考察」『文化史学』一一・一二・一三合集（ソウル、韓国文化史学会、一九九九年）四六六―四七一頁）、ここが〈法蔵和尚伝〉に言及された華山寺と推定される。神琳は「世達寺沙門神琳」と称され（『十句章円通記』巻上『韓国仏教全書』第四巻、四〇頁）、この世達寺の後身である崇教寺に神琳の影幀が奉安されていた（『大覚国師文集』巻一八〈興教寺礼神林祖師影〉）。一方、『三国遺事』に言及された原州毗摩羅寺は、浮石寺と世達寺の中間の丹陽郡永春面にあったものと推定されている（張俊植〈前掲論文〉四六九頁）。

(47) 崔致遠〈法蔵和尚伝〉（『韓国仏教全書』第三巻、七七六頁）。

(48) 崔致遠〈故終南山儼和尚報恩社会願文〉（『韓国仏教全書』第三巻、六四四頁）。

(49) 崔源植「新羅下代の海印寺と華厳宗」『韓国史研究』四九（ソウル、韓国史研究会、一九八五年）二〇頁。
南東信「羅末麗初　華厳宗団の対応と《(華厳)神衆経》の成立」『外大史学』五（龍仁、韓国外大歴史文化研究所、一九九三年）一四七頁。

(50) 『均如伝』第四立義定宗分（『韓国仏教全書』第四巻、五一二頁）。

(51) 〈普願寺法印国師碑〉（『朝鮮金石総覧　上』二二六頁）。

(52) 八六〇年代以前に出家した僧侶たちは大部分、華厳学などの教学を修学し、禅に転向したが、八七〇年代以後に出家した僧侶たちは、大部分が最初から禅師の門下で出家している。

(53) 忠湛の場合、塔碑（〈興法寺真空大師碑〉）に法相と毗尼（戒律）を修学したという内容が見えるが、これは具足戒を受けた後に付加的に勉強したものであり、本来、禅師の門下で出家し、継続して禅を修学した。

(54) 崔柄憲「新羅下代　禅宗九山派の成立」『韓国史研究』七（ソウル、韓国史研究会、一九七二年）。
高翊晋「新羅下代の禅伝来」『韓国禅思想研究』（東国大仏教文化研究院編、ソウル、東国大学校出版部、一九八四年）。

(55) 金相鉉『新羅華厳思想史研究』（ソウル、民族社、一九九一年）二四五頁。
金福順「新羅下代　禅宗と華厳宗の関係の考察」『国史館論叢』四八（果川、国史編纂委員会、一九九六年）。

(56) 印鏡「羅末　華厳教団と禅宗の諸問題」『韓国禅学』二（ソウル、韓国禅学会、二〇〇一年）。
石吉岩「羅末麗初　仏教思想の流れに対する一考察」『韓国思想史学』二六（ソウル、韓国思想史学会、二〇〇六年）。石井公成は、義相の思想に禅宗の影響が少なからず見えると述べている（石井公成「禅宗に対する華厳宗の対応―智儼義相の場合」『韓国仏教学ＳＥＭＩＮＡＲ』九、二〇〇三年）。

(57) 義相・智儼・法蔵などの華厳祖師の宣揚と師資相承の概念の強調、神衆信仰のような大衆的信仰の強調を通して、それ以前と異なる新たな華厳宗の形成につながったということである。

(58) 九世紀後半以後、禅師たちの塔碑が多数建立されたのことは異なり、華厳学僧の行跡を伝える記録は、崔致遠が残した数編の伝記に過ぎず、これでさえきちんと伝わっていない。

(59) 十世紀中葉に活動した均如の様々な著作と、十三世紀に編纂された『法界図記叢髄録』などには、義相の『法界図』に対する九世紀の華厳学僧たちの様々な注釈が収録されている。一方、均如は、当時伝わった三十余種の先公たちの華厳教学に対する義記を補完、整理したという（『均如伝』第四立義定宗分「華厳教中有先公鈔三十餘義記、其名曰三教所為・同体空有・盡不盡・権実・華蔵説・成土海・明難・歎不歎・三生攝体・授職・六相・就実本実・斷障微少・兜率天子・五種成仏・解行・仏分相・流目・廻心・六地・八会・百六城浄土・菩提樹・性起・五果四句・廣修供養・主伴章等也、師以為源流則別、蹄駁頗多。丈之煩者、撮要而刪之、意之徴者、詳究而現之、皆引仏経菩薩論以為證、則一代聖教斟酌盡矣。」『韓国仏教全書』第四巻、五一二頁）。

(60) 崔鉛植「日本の古代華厳と新羅仏教―奈良・平安時代の華厳文献に反映した新羅仏教学―」『南都仏教』九九（奈良、東大寺南都仏教会、二〇一四年）。

四天王寺護塔神出現の背景と道宣の『戒壇図経』

李　鎮　榮

はじめに

韓半島では、統一新羅時代に入ると、最初の寺院として都の慶州には六七〇年に着工し六七九年に完成した四天王寺を嚆矢とする「双塔伽藍」が登場し、四天王寺の塔基壇には塔の守護神である「護塔神」（以下、「四天王寺護塔神」と称する）を安置した。「護塔神」は『四分律』など「律」関係に登場する言葉であり、四天王寺護塔神は韓半島では最初の作例で、後に単塔伽藍や単層基壇の塔のように統一新羅の特徴を表さない場合でも、基壇を中心とした塔表面に護塔神を表す作例が数多く伝来し、統一新羅仏塔における大きな特徴と言える。四天王寺護塔神については、六七九年完成という絶対年代がわかる作例として極めて重要なものだが、これまでの先行研究では、その作家である「良志」や、四天王寺創建に関わった『灌頂経』などの影響を中心に語られてきた。

しかし、塔基壇に安置された四天王寺護塔神については、如何なる理由でこの時期に韓半島で初めて「塔基壇」に安置されるようになったのかについては、必ずしも充分な指摘がなされていないと言わざるを得ない。つまり、統一新羅の最初の寺院である四天王寺における護塔神出現は、年代が明らかな作例として極めて重要な問題である。よって、本稿では「護塔神」の最古例である四天王寺護塔神の出現理由の一つの可能性として、道宣の『戒壇図経』を想定し、七世紀の中韓仏教交流史を取り上げてみたい。

一　統一新羅最初の護塔神
「慶州・四天王寺護塔神」

韓半島において、新羅が唐と連合し、六六〇年に百済、六六六年に高句麗を滅ぼすと、こうした韓半島の一部を唐が支配するようになる。やがて唐は新羅まで侵攻することになり羅唐連合は崩れ、六七〇年～六七六年間、両国は戦争を迎える。この時期、新羅が打開策として打ち立てたのが、仏力で唐を撃退すべく創建した四天王寺

図１　四天王寺護塔神（679年　塑造　高90cm　幅70cm　厚７～９cm）と基壇配置（側面図）

である。

四天王寺は、統一新羅の最初の寺院として六七〇年に着工（六七九年に完成）し、四天王寺塔の基壇には、塑像の護塔神を安置している（図1）。後述するように高麗時代の『三国遺事』「良志使錫」によると、四天王寺護塔神について「天王寺**塔下**八部神将」とし、近年の発掘結果によると、東西塔ともにそれぞれの基壇に、邪鬼に跨る三体の尊格不明の神将を中央の階段を挟んで両側に同じものを配置し、四面に計二十四体を配置したことが判明した。つまり『三国遺事』の「塔下」は「塔基壇」であることが判明し[1]、こうした発掘結果からも、既存の「四天王」説は意味を失われた。さらに、これらはそれぞれ、四cmの以上の奥行のあるアーチ型の窓に尊格を表し、全体は高さ九〇cm　幅七〇cm、厚さ七～九cmの同一の規格を持つ「范」から作られている。

一方、塔基壇における護塔神の安置はもちろん、中国の影響を受けている。例えば、道宣（五九六～六六七）が麟徳元年（六六四）に著述した『集神州三宝感通録』（以下、『感通録』）阿育王塔編の「十四」をみると、

十四益州晋源塔者。在州西南一百餘里。今號爲等衆寺。本名大石。**基本縁略亦同前**。尋諸古塔其相不同。**豈非當部鬼神情有所樂**。**案蜀三塔同一石**。蓋餘不定准。益州北百里雒縣塔者。在縣城北郭下寶興寺中。本名大石。**基相同前**。

隋初有天竺僧曇摩掘叉。遠至東夏禮**育王塔**。承蜀三塔。叉往禮拜。**至雒縣大石寺塔所**。敬事已訖。欲往成都宿兩女驛。將且聞左右行動聲。叉曰。是何人耶。妄相恐動。**空中應曰**。**有十二神**

王。從本國來。所在擁護。明日當見成都塔。今欲西還。與師別耳。叉曰。既能遠送。何不現形。神即現形。叉爲人善畫。便一一貌之。既遍形隱。及至成都禮大石塔訖。詵律師乃依圖刻木爲十二神像。莊飾在於塔下。今猶見在云。益州郭下法成寺沙門道卓。有名僧也。大業初雒縣寺塔無人修葺。纔有下基。卓乃率化四部。造木浮圖。莊飾備矣。(2)

とある。すなわち、隋初期に益州（成都）の阿育王塔である大石寺塔に、天竺僧・曇摩掘叉がインドから彼を「擁護」してきた「十二神王」を見て、その姿を人に書き留めさせ、その図様を「詵律師」という僧侶が大石寺塔の「塔下」に荘厳し、それを道宣が現場で確認して記録に残しているのである。

ところで、「塔下」とは如何なる場所であろうか。これに関して注目される部分は、「益州郭下法成寺沙門道卓。有名僧也。大業初雒縣寺塔無人修葺。纔有下基。卓乃率化四部。造木浮圖。莊飾備矣」である。つまり、隋の大業年間（六〇五〜六一八）には修理する人がおらず、わずか塔の下の基壇だけが残るため、道卓(3)は人々を率いて木塔を再建したとする。ここでいう「下基」とは、塔の下部である「基壇」を指すことになる。実際に東晋の義熙十年（四一八）に佛陀跋陀羅と法顕が訳出した『僧祇律』には「爾時世尊自起迦葉佛塔。下基四方周匝欄楯。圓起二重方牙四出。上施槃蓋長表輪相(4)」とある。ここでは、釈迦が迦葉塔を建てる際、四方周囲に欄楯を設ける場面で「塔下基」とあり、「塔下」と「下基」は以前から、「塔の基壇」を意味する言葉として使用されたことが確認できる。すなわち、先述の「十二神王」が安置された「塔下」とは、基壇の「基」を省略した表現で、「下基」と同意で基壇を指すことになり、基壇であることが判明する。(5)

また、先述のように『三国遺事』では四天王寺護塔神の安置場所を「塔下」とし、発掘調査結果から神将を安置した「塔下」とは塔基壇と判明し、後世にも「基壇」を指す用語として使用されているのである。さらに、この「十二神王」の尊格は不明なものの(6)、塔に安置されたことから「護塔神」として隋初期に塔基壇に安置した状態のまま、道宣が六六四年に記録した『感通録』で語っているように、こうした安置規範が少なくとも四天王寺護塔神（創建六七〇年）直前まで存在が確認できることも留意すべきであろう。

ところで、『感通録』において興味深い事実は、道宣が護塔神である「十二神王」の目撃者を曇摩掘叉、「十二神王」を図に書き留めた人である制作者、安置者の詵律師と三人にはっきりと分けて叙述していることである。つまり、道宣が過去の隋時代の出来事にも拘わらず、護塔神安置について詳細に記録した理由は、そうした護塔神の安置規範に興味を持っていたためだと考えられる。

一方、大石寺塔の基壇に護塔神を安置した「詵律師」とされる「智詵」（五三九〜六一八）は、隋唐交代期まで活躍した人物として、貞観十九年（六四五）に、道宣が執筆した『続高僧伝』巻二十一にまたも登場する。

釈智詵。字慧成。姓徐。本徐州人。炫法師之弟也。少聰敏有志節。在蜀遊學務勤律肆。會周陵法。因事入關不果所期。遂隱南嶺。終南太白形影相弔。有隋革命光啓正法。招賁碩德率先僧首。即於長安敷揚律藏。益州總管蜀王秀。奏請還蜀。王自出迎住法聚寺。（中略）人曰。卿從來不畏一人。何故畏詵律師耶。答曰。此佛法中王。那得不畏。人曰。以恢公膂力。可敵律師百人耶。（中略）以武德元年十月一日平居而逝。年八十矣。[7]

智詵は上記のように、成都と長安を行き来しながら「律」を極めた人物である。また、護塔神安置などの行状から、塔と護塔神に関する規範性を知っていた人物である。さらに、智詵を記録に留めた道宣については、贊寧の端拱元年（九八八）『宋高僧伝』「道宣伝」に

釋道宣。（中略）依智顗律師受業。洎十六落髮。（中略）便隷日嚴道場。（中略）隋大業年中　從智首律師受具。武德中依首習律。（中略）乾封二年十月三日也。春秋七十二。僧臘五十二。[8]

とある。道宣（五九六～六六七）は、智顗律師に律を学び、長安の日厳寺で出家、隋の大業年中（六〇五～六一八）に智首律師に授戒を受け、乾封二年（六六七）に七二歳で遷化する。つまり、智詵と道宣は長安や成都という活躍場所と時代が重なることや、道宣が、智詵を別の記録で二回も残したことは、護塔神安置に関する規範に影響されたと考えられる。

二　四天王寺護塔神の製作者「良志」

四天王寺護塔神に関わる人物としては、その作家の「良志」が知られる。『三国遺事』「良志使錫」に、

釋良志。（中略）唯現迹於善德王朝。（中略）善筆札。靈廟丈六三尊天王像幷殿塔之瓦。天王寺塔下八部神將。法林寺主佛三尊左右金剛神等皆所塑也。書靈廟法林二寺額。又嘗彫磚造一小塔。幷造三千佛。安其塔置於寺中。致敬焉。其塑靈廟之丈六也。自入定以正受所對爲採式。故傾城士女爭運泥土。[9]

とある。良志は善徳王代（六三二～六四七）に現れ、四天王寺護塔神（六七九年完成）まで、約半世紀近く活躍したことがわかる。他に霊廟寺・法林寺の勅額を含めた、多数の塑像・瓦や、四天王寺護塔神を含め、書道にも長けた塑像を専門とする芸術家としての側面が強い。彼の作品中、霊廟寺と法林寺の塑像の天王と金剛神を挙げるが、これらは本尊左右に立つことから、おそらく単独像であろう。したがって、塔基壇に安置されたような護塔神と確認できるものは他になく、四天王寺や護塔神の関わりは本記事で最も乏しく、護塔神安置規範まで知っていたか否か、また原作者（製作者）以上の役割は確認できない。彼については、これまで多数の論考があるが、四天王寺護塔神などを含めた作例について、その作風や出身地については指摘されているが[10]、塔基壇などに安置する護塔神安置規範との関わりはほとんど指摘されていない。

三　四天王寺護塔神の安置者「明朗」

四天王寺護塔神と関わる人物としては、製作者「良志」の他に「明朗」がいる。また、『三国遺事』「文虎王法敏」によると、

劉仁軌爲雞林道總管。（中略）欲伐新羅。時義相師西學入唐（中略）相乃東還上聞。王甚憚之。（中略）王召明朗曰。事已逼至如何。朗曰。以彩帛假搆宜矣。乃以彩帛營寺。草搆五方神像。以瑜珈明僧十二員。明朗爲上首。作文豆婁祕密之法。時唐羅兵未交接。風涛怒起。唐舡皆沒於水。後改刱寺。名四天王寺。（中略）後年辛未。唐更遣趙憲爲帥。亦以五萬兵來征。又作其法。舡沒如前。[11]

とある。すなわち、当時入唐していた新羅僧の義湘は、唐の新羅侵攻を告げるため咸亨元年（六七〇）に帰国し、文武王はその打開策として明朗に提案された四天王寺を六七〇年に着工、明朗は六七〇〜六七一年に四天王寺において「文豆婁法」により唐を撃退、四天王寺は六七九年に完成する。同様の事実は『三国遺事』の「義湘伝教」にも、

高宗將大擧東征。（中略）湘誘而先之。以咸享元年庚午還國。（中略）命神印大德明朗。假設密壇法穰之。國乃免。[12]

唐高宗（六四九〜六八三）が新羅侵攻の計画を立て、入唐していた新羅僧の義湘がそれを告げるため帰国し、明朗が密壇法（文豆婁法）で、新羅が国難を逃れたとする。両方の記事で共通して登場する「文豆婁法」については、東晋の天竺僧、帛尸梨蜜多羅訳の『灌頂経』第七に、「佛告天帝釋。是爲五方神王名字。若後末世四輩弟子危厄之日。取上五方神王名字及其眷屬。寫著員木之上。名爲文頭婁法」とし、四天王寺創建には釈迦が帝釈天に教えたとされるものとして、『灌頂経』に関わりも確実で、通説となっている。また、四天王寺護塔神の尊格は『灌頂経』に登場する「護塔善神」や「神王」[13]、もしくは『三国遺事』のとおり「八部衆」[14]の諸説がある。

こうした『三国遺事』の記録は後世のもので説話的な要素があるものの、実際に両国は六七〇〜六七六年の「羅唐戦争」期間に激戦の末、新羅が勝利を収めることとなる。このように、四天王寺護塔神に関して留意すべきことは、まず新羅と唐の連合が崩れて、両国の戦争をきっかけとし、新羅が唐勢力を撃退すべく建立されたことである。すなわち、唐高宗期に新羅僧として入唐していた義湘が、新羅侵攻計画を告げるべく帰国し、新羅ではその打開策として明朗の提案より、四天王寺を創建する結果となった。

では、ここで「明朗」について検討する必要がある。明朗は『三国遺事』「明朗神印」に、

按金光寺本記云。師挺生新羅。入唐學道。將還因海龍之請。入龍宮傳祕法。施黄金千兩一云千斤潜行地下。湧出本宅井底。乃捨爲寺。以龍王所施黄金飾塔像。（中略）新羅沙干才良之子。母曰南澗夫人。或云。法乘娘蘇判茂林之子金氏。則慈藏之妹也。（中略）善德王元年入唐。貞觀九年乙未來歸。[15]

とある。彼は善徳王元年（六三二）に入唐、貞観九年（六三五）に帰国、その際に竜王に秘法を教え黄金をもらい、自宅を「金光寺」に建て替えた際にその黄金で塔を荘厳したという。また、四天王寺護塔神については、明朗が四天王寺護塔神を基壇に安置したとのことは確認できないものの、自宅を寺院に建て替えた際に塔を荘厳し、

彼の提案で創建した四天王寺で、「文豆婁法」を行っている。すなわち、塔基壇に安置された四天王寺護塔神は、彼が安置したという記録はないとしても、彼は塔荘厳などの規範をよく知っていた安置者としてみるのが妥当であろう。

また彼が自宅を「金光寺」という寺院に建て替えたことや、彼の提案で建立した「四天王寺」から、先述の『灌頂経』とともに「四天王品」を含む東晋時代に初めて訳出された『金光明経』との関わりも通説となっている。(16) ただし、現状ではこうした経典からは、仏塔において基壇などに護塔神を安置する規範は確認できない。一方、塔基壇に安置された四天王寺護塔神に限ってみると、先行研究においては、その安置規範など護塔神との関わりについては曖昧である。また、安置者とみるべきである明朗に関しても、入唐・帰国から四天王寺着工の六七〇年（完成六七九年）までは、韓半島では護塔神安置は確認できない。

では、明朗が入唐から帰国した六三五年から六七〇年の四天王寺創建までの間に、何度かの護塔神出現に関するきっかけが想定される。それは彼の叔父である慈蔵が六四六年に開いた通度寺戒壇と、それに影響を与えたことが指摘される道宣の『戒壇図経』（六六七年）について検討してみよう。

四　道宣と『戒壇図経』

四天王寺護塔神のような安置規範は、先述のように、塔基壇に護塔神を安置した六世紀頃にすでに中国で根付いていたことが、道宣の『感通録』から窺える。とするならば、本稿の中心となる四天王寺建立を始めた六七〇年に、先行して中国における護塔神の安置規範を初唐において確認した人物として、道宣に目を注ぐ必要がある。

彼は『感通録』を著してから、彼の没年でもある三年後の乾封二年（六六七）に、『戒壇図経』を著している。『戒壇図経』には、「大唐雍州長安県清官郷浄業寺戒壇之銘（中略）終南山北澧福之陰清官郷浄業寺戒壇佛舍利之銘維大唐乾封二年歳在丁卯孟夏朔日。京師西明寺沙門釋道宣。（中略）乾封二年二月八日。**創築戒壇**(17)」とあり、中国でも最初の本格的な戒壇である長安の浄業寺戒壇を建立する際の著作である。

ところで、『戒壇図経』において次の部分に注目したい。

> **今前列護佛塔神名**。多出華嚴灌頂孔雀王賢愚大集大智論等。以繁文故。於此總而叙之。**神名跋闍羅波尼梁言金剛**。神名婆里旱河但反。梁言力士。初堅固光曜神。二日光曜神。三須彌華神。四浄雲音神。**五阿脩羅王神取脩羅爲名**。非脩羅也。六勝光明神。七樹音聲神。八師子王神如上。已解。九淳厚光藏神。十珠髻華光神。**右十二金剛力士神王**。依雜阿含經。金剛神持金剛杵。猛火熾然。經律中亦説。八金剛神列侍四面。又云。五百金剛常侍衞佛。如華嚴經。諸金剛神與微塵數力士俱。久發誓願侍衞如來。住持遺法。**今據文求相。不言戒壇。然此戒壇即佛塔也。以安舍利。靈骨瘞中。非塔如何**。（中略）**所以經中。或名偸婆窣堵波等。依如唐言方墳。塚也**。(18)

とあり、戒壇を語る部分で「護仏塔神」、つまり「護塔神」となる、阿修羅や金剛力士などを『灌頂経』などから集めたとし、舎利を安置する戒壇は仏塔に等しいとしていることである。一方、舎利安置の塔と戒壇を同様のものと認識するのは、道宣が貞観十九年（六四五）に著述した『続高僧伝』に、

釋智首。姓皇甫氏。（中略）今名光嚴山寺。**於出家受戒二所雙建兩塔**[19]。

とあり、彼の師匠である智首（五六七～六三五）の伝記に、双塔を建てそこにおいて受戒したとし、塔と戒壇を同様のものとする認識は、こうしたことから影響された可能性が窺える。

　さらに、『戒壇図経』において注目される部分は、

近以乾封二年九月。中印度大菩提寺沙門釋迦蜜多羅尊者長年人也。九十九夏來向五臺。致敬文殊師利。今上禮遇令使人將送。既還來郊南。見此戒壇。大隨喜云。**天竺諸寺皆有戒壇。又述烏仗那國東石戒壇之事**。此則東西雖遠。壇禮相接矣。**其壇相狀。下之二重**以石砌累。如須彌山王形。上下安色道。**四面壇身並列龕窟。窟內安諸神王**。其兩重基上並施石鉤欄。欄之柱下師子神王間以列之。**兩層四角立高石柱出於壇上。柱外置四天王像。既在露地**[20]。

とあり、浄業寺戒壇が完成し、訪れてきた中印度の釋迦蜜多羅とのやりとりにおいて、天竺の諸寺院には戒壇があるという。とくに、北印度の烏仗那國の戒壇は、二重の基壇を含め全体が石造で基壇には龕窟を設け、ここに護塔神安置を強調している。この龕窟は、格狭間とも考えられ、全ての護塔神は風雨から逃れるため、仏塔の軒先のような役割の「龕窟」に安置することを『戒壇図経』全体にわたって強調するのである。つまり、護塔神を龕窟へ安置して保護することは、彼らによる舎利擁護に繋がり、舎利安置に続いて重要な構造であると言える。

　こうした戒壇基壇に龕窟を設けて、護塔神を安置する規範は、舎利を安置する戒壇と塔が、等しいという道宣の認識を考慮すると、四天王寺護塔神でも四㎝の奥行のあるアーチ型の空間は龕窟と考えられ、ここに安置したことから、『戒壇図経』との共通点が認められる。

　また、『戒壇図経』に添えられた「祇園精舎図」の中心伽藍で注目されるのは、本来の方角として上下を反転させて考えると、上部に位置する中門から入って独立している、比丘と比丘尼の東西戒壇のみである（図2）。同様の特徴は、石造正方形基壇に舎利を安置し、護塔神を基壇に安置する共通点が認められる四天王寺においても、中門から東西に広がる塔配置と共通する（図3）。

　一方、こうした戒壇の配置について『戒壇図経』「戒壇元結教興第一」には、

佛在祇樹園中。樓至比丘請佛立壇。爲結戒受戒故。爾時如來依言許已。**創置三壇。佛院門東名佛爲比丘結戒壇。佛院門西名佛爲比丘尼結戒壇**。外院東門南置僧爲比丘受戒壇。初置壇日乃集十方諸佛。于時有八百億。同名釋迦佛。十方諸佛同名亦爾。時**大梵天王造佛院內東戒壇。魔王波旬造佛院內西戒壇**（中略）**依今北天竺東石戒壇**。縱廣二百步。高一丈許。此則隨時不定。今

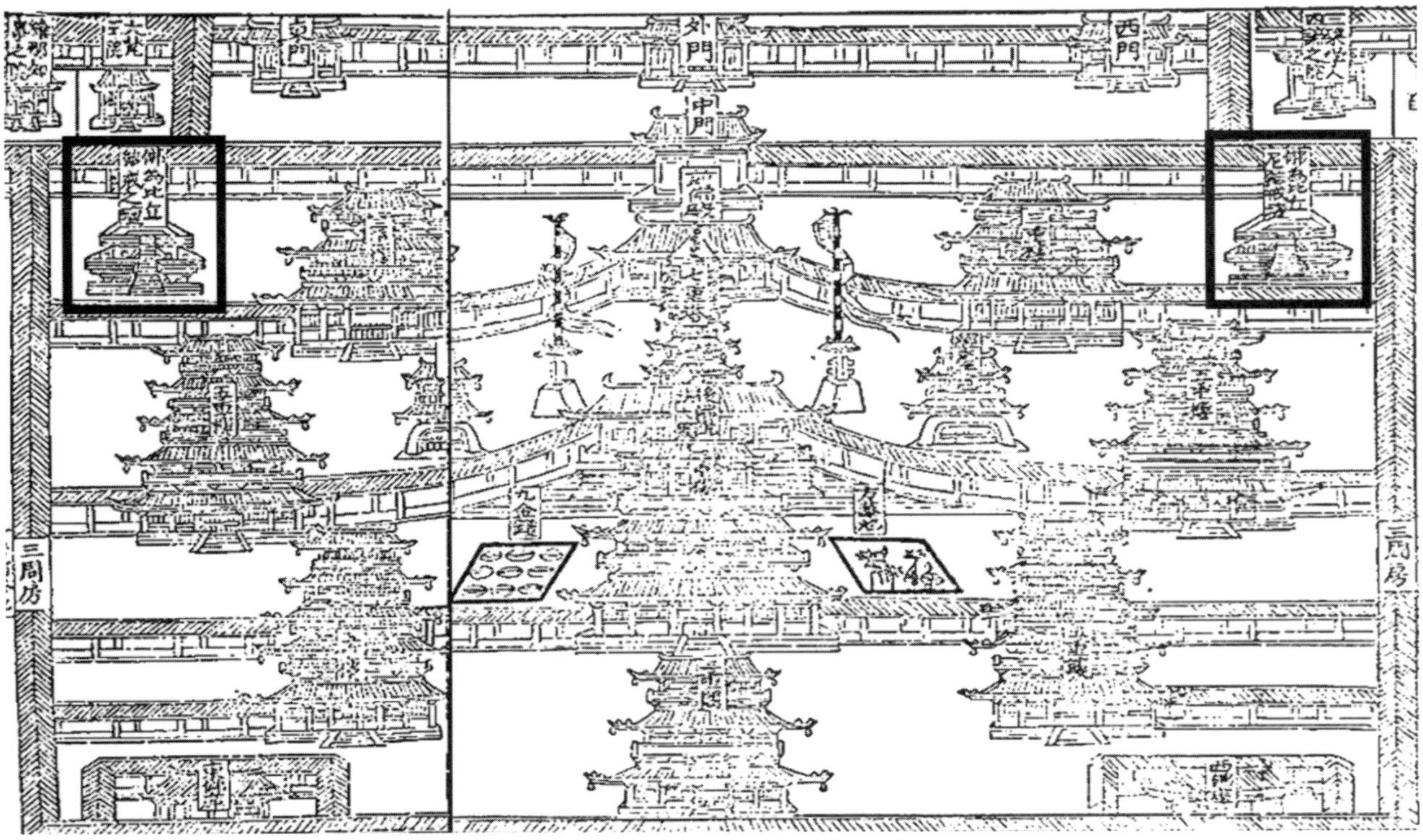

図２　『戒壇図経』「祇園精舎図」中の東西（比丘・比丘尼）戒壇

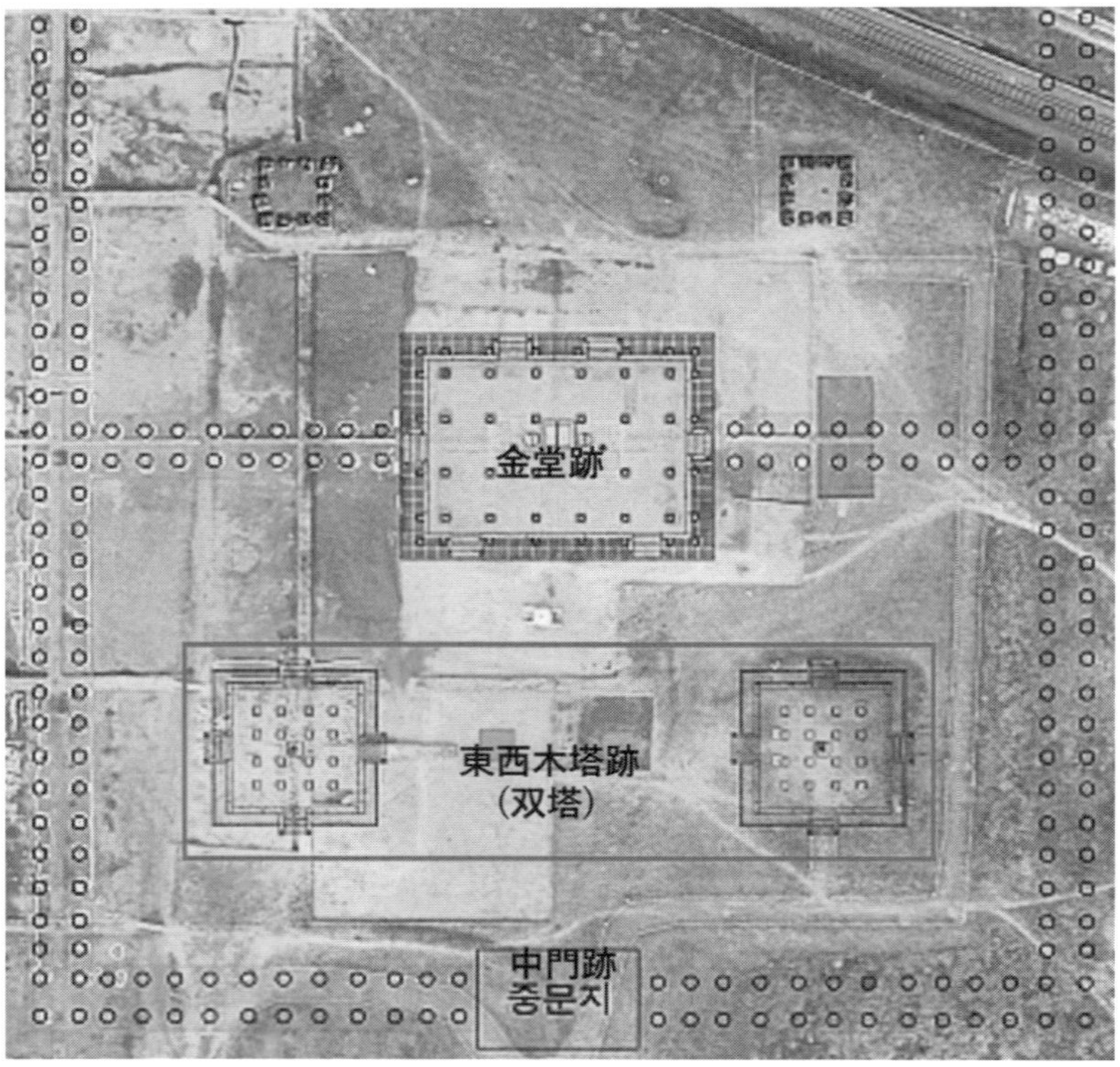

図３　四天王寺址　伽藍配置（東西双塔配置）

且從釋迦丈六爲言。其下層從地起基。高佛一肘。則唐尺高三尺也。（中略）其第二層高佛一肘半。則唐尺四尺五寸也。同轉輪聖王初登壇上受灌頂之時壇度也。其第三層高二寸者。以佛指二寸爲量。則當中人四寸也。今北印度烏仗那國東千餘里。（中略）往往有僧。從彼而來。玄奘法師西域傳中。略述大栴檀像事。而不辨其縁由。至於戒壇。文事蓋闕。豈非行不至彼隨聞而述。不足怪也。今約祇樹園中。總有六十四院。（中略）其初壇下層縱廣二丈九尺八寸。中層縱廣二丈三尺。上層畟方七尺。(21)

とある。つまり、比丘と比丘尼の護塔神を安置する東西戒壇に関して、各部分の構造と法量を説いており、それを四天王寺護塔神と比較したのが表1である。

表1　『戒壇図経』の戒壇と四天王寺木塔基壇の比較

	『戒壇図経』(667年)	四天王寺木塔（670年着工、679年完成）
舎利塔構成	宝珠・九龍・鐘形本体・獅子・蓮華	（心礎石舎利安置）
上層基壇	幅210cm　高12cm	
中層基壇	幅696cm　高136cm	
下層基壇	幅902cm　高91cm	幅1070cm　高140（うち護塔神90）cm
基壇構造	石造正方形、四面階段（５か所） 護塔神安置（龕窟）	石造正方形、四面階段（４か所） 護塔神安置（龕窟）

表1のとおり、四天王寺塔は単層基壇の木塔で『戒壇図経』の戒壇と構造は異なる。しかし、両者は石造正方形基壇に舎利を安置することが根本の目的で、四面の階段は四天王寺に限ったことではないが、これは『戒壇図経』の内容と共通する。また、『戒壇図経』で語られる戒壇の下層基壇は幅約九〇〇cm、高さ九〇cmで、幅一〇七〇cm、高さ一四〇cmの四天王寺に比べ、差異はある。しかし、四天王寺塔基壇は、『戒壇図経』の下層基壇高さとほぼ一致する、九〇cmという基壇面積の大半を占める護塔神の高さに合わせて作っているため、この数値は極めて興味深い。さらに、四天王寺護塔神のアーチ形の窓は四cmの奥行があることから龕窟とみられ、ここに護塔神を安置するという『戒壇図経』に近く、また両者はほぼ同時期であるなど、多くの共通点が認められる。先述のように四天王寺は東晋時代の『灌頂経』と『金光明経』との関わりが定説であるが、四天王寺護塔神とは年代の開きや、安置規範に関して確認することが難しい。ただし『戒壇図経』では『灌頂経』などから護塔神を集めたとするところから、『灌頂経』などを引用した『戒壇図経』の影響も考えられる。さらに、舎利を安置した東西塔の配置・塔基壇の法量、特に塔基壇に護塔神を安置した構造など、多くの共通点が認められることから、ほぼ同時代の『戒壇図経』の影響も想定可能となる。一方、先述のように四天王寺は『灌頂経』や『金光明経』との関わりが定説であるが、塔基壇に安置した護塔神に限ってみると、護塔神を集めたとする『灌頂経』などを引用した『戒壇図経』の影響も想定可能となる。ただし、四天王寺創建時期に『戒壇図経』が新羅へ流入したことは確認できない。

ところで、道宣の著作のなかに、卍続蔵経に所収される『四分律拾毗尼義鈔』（以下『義鈔』）が確認できる。ここには、律師として道宣系の弟子と知られる元照（一〇四八〜一一一六）の「校勘義鈔序」という序文が加えられている。それによれば、「又先撰事鈔當武徳之末九年次製此鈔乃貞觀之初元年年暦相去足顯同時[22]」とし、この書物が武徳末年（六二六）に著述と同時に姿を消したとされる。そして、『義鈔』の末尾には、

新羅國寄還書、寄南山律祖義鈔三軸於唐國左神策軍李侍御伏、侍御狀切析義鈔侍御識能通古存心利物寓二乘之奥典達萬品之未諭遺訓先被於東國聖教却流於西秦廣布中華宣揚勝業軌範闕而復全學寡而易曉誠心至重願普傳之幸甚謹狀。**大中三年五月三日**、**新羅國王城慧明寺沙門自相**、狀專檢校寫東泉寺沙門玄靈。唐法

寶律師批此之三軸名拾毗尼即集義鈔也國初南山祖師述助釋行事鈔矣于時艸藁纔成新羅僧之所竊、歴今二百餘載不覩其文去、會昌五年春幸因大檀越李侍御字元佐附海東金舍人於本國求之蒙彼國王城慧明寺(23)。

とある。内容をみると、「新羅國寄還書」という手紙において、本書物は道宣の著述で唐初期に新羅僧が持ち帰ったため失われたという。その後、二世紀以上経った今、會昌五年（八四五）に、李侍御という人物が新羅の王城つまり、慶州の慧明寺の自相という僧侶に本書物を求め、大中三年（八四九）に唐に帰還したという。つまり、唐初期に本国で失われた書物が二世紀以上経過して逆輸入されており、完成と同時に失われたということから、その頃に道宣の周囲に新羅僧が存在していたことが窺える。さらに、七世紀前半頃には新羅に流入され、統一新羅末の九世紀まで存在していたということは、上記の「遺訓先被於東國聖教却流於西秦廣布中華宣揚勝業軌範」という表現のように、新羅において授戒や戒壇の内容を含む四分律系の注釈書である道宣思想の需要により、広く流布されたことも窺える。

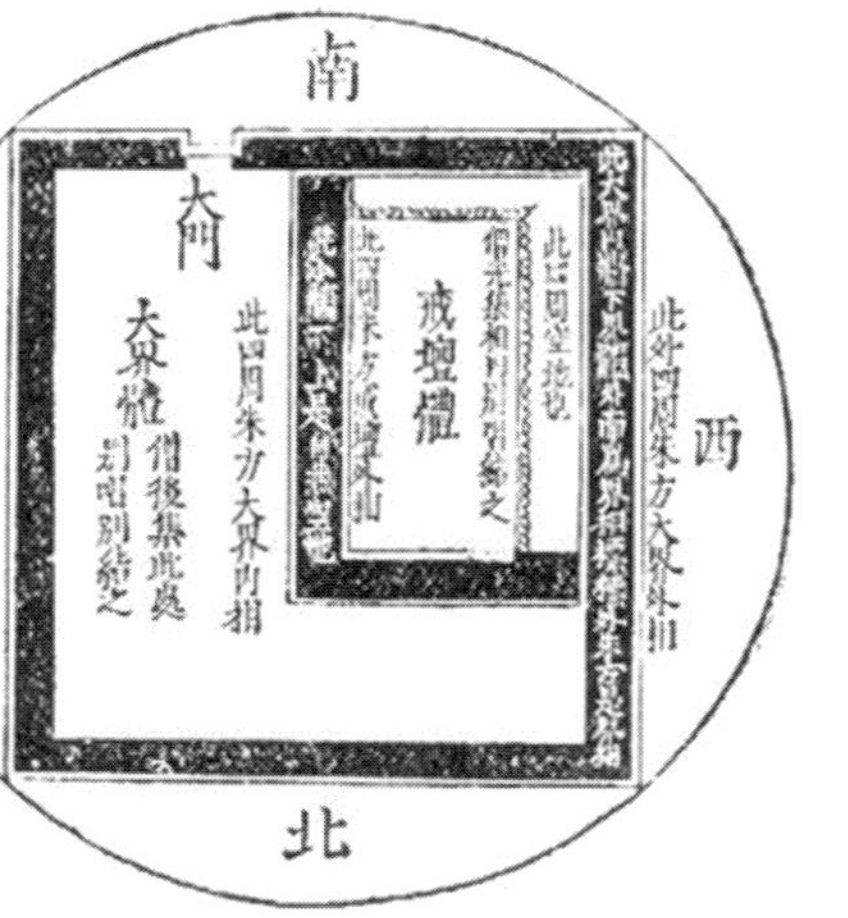

図4　道宣　武徳末年（626）『行事鈔』の戒壇図

また、道宣の初期作には『義鈔』と同年に著した『四分律行事鈔』(24)があり、受戒と戒壇作法についても詳しく書いている。この戒壇図（図4）は俯瞰図で大門や戒壇体が偏っているが、正方形二重基壇として南面に入口を示していることは『戒壇図経』と共通する。このように、『戒壇図経』の四〇年前から彼の戒壇研究はすでに進んでおり、先の『義鈔』とともに同年の同じく道宣の四分律系の著作として新羅へ流れ込んだかもしれない。

以上、七世紀前半に新羅に道宣思想の流入が確認でき、同じく道宣の授戒と戒壇に関わる四分律系の著作として、四天王寺護塔神と共通点が認められる『戒壇図経』が、その頃に流入した可能性も想定できる。

五　道宣と交流した新羅僧一
——慈蔵と通度寺戒壇——

先行研究で多く指摘されるように、道宣と交流したと想定される人物として新羅僧侶である慈蔵（五九〇～六五八）を取り上げたい。まず、道宣の『続高僧伝』には慈蔵伝があり、それを検討してみると、

釋慈藏。姓金氏。新羅國人。（中略）貞觀十二年。將領門人僧實等十有餘人。東辭至京。（中略）於終南雲際寺東懸嶇之上。架室居焉。（中略）既而入京。蒙勅慰問。賜絹二百匹。用充衣服貞觀十七年。本國請還。啓勅蒙許。（中略）齎還本國。既達鄉壤。傾國來迎。一代佛法於斯興顯。王以藏景仰大國。弘持正教。非夫綱理。無以肅清乃勅藏爲大國統。住王芬寺(25)。

とある。つまり、彼は六三八年に入唐、終南山雲際寺などに滞在、五年後に多数の経典や仏像などを将来して帰国、都の芬皇寺に居住し、新羅仏教を改革したとされる。『三国遺事』「慈蔵定律」においても、

　眞徳王三年己酉。始服中朝衣冠。明年庚戌又奉正朔。始行永徽號。(26)

とし、彼は帰国後六四九年と翌年に、唐服装と年号を施行したとされる。また、道宣は他にも彼が十人余りの弟子と入唐、雲際寺の東に家を建て住んだと、帰国後の行状まで詳しく記している。『続高僧伝』の多くは著者の道宣より前世代の中国高僧を取り上げるが、『続高僧伝』「慈蔵伝」は存命の異国僧侶の行状を帰国後まで書いた異例なのである。道宣は彼と出会ったことは触れないものの、慈蔵の伝記を詳細に書いたことから、二人の交流は定説となっている。(27)また、南宋の文献で年代の隔たりは大きいが、志磐が咸淳五年（一二六九）に著した『佛祖統紀』「道宣伝」には

　道宣。（中略）貞観四年（中略）雲際寺行此三昧。（中略）十九年偕奘公翻經弘福。(28)

とあり、『仏祖統記』には道宣が六三〇年から十五年間、慈蔵が滞在した場所である雲際寺にも居住していたことが知られ、二人の時空が五～六年間一致し、二人が知り合っていた可能性を裏付けている。

　一方、慈蔵の帰国後の行状で注目されることは、『三国遺事』「前後所将舎利」に

　善徳王代貞觀十七年癸卯。慈藏法師所將佛頭骨佛牙佛舍利百粒。（中略）一分在皇龍塔。一分在大和塔。一分幷袈裟在通度寺戒壇。其餘未詳所在。壇有二級。上級之中安石蓋如覆鑊。(29)

とある。すなわち帰国後の六四六年に唐から将来した仏舎利を安置するため、新たに都の皇龍寺には塔を、梁山の通度寺には戒壇を建立した。つまり、塔に並んで戒壇に舎利安置をしていることから両者は等しいという認識が窺え、これは『戒壇図経』とも共通することから、慈蔵が道宣と交流したことと合わせて留意すべき点である。ただし現在の通度寺戒壇は当初のものではなく、後世の高麗～朝鮮時代の修理を経ている（図5）。

　ところで、通度寺戒壇で注目されることは、基壇が多数の護塔神で埋め尽くされていることである（図5）。例えば、上層基壇には幾段も重なった岩座とみられる物の上には、脚を広げて坐る尊格があり、全身の豊満な表現、逆立った髪の毛や拳を作る両手、特に大きく出した牙など夜叉の姿で、護塔神として安置されている（図6）。こうした通度寺戒壇は、六六七年の『戒壇図経』に先行するものの、慈蔵と道宣の交流や、石造正方形構造を基本とし基壇に護塔神を安置することなど『戒壇図経』との共通点が多く認められる。

　また、通度寺戒壇は一六〇三年『通度寺舎利袈裟事蹟略録』「舎利霊異」に、

図５　通度寺戒壇（基壇には護塔神配置）
646年建立（高麗〜朝鮮時代修理）石造

図６　通度寺戒壇の上層基壇の護塔神

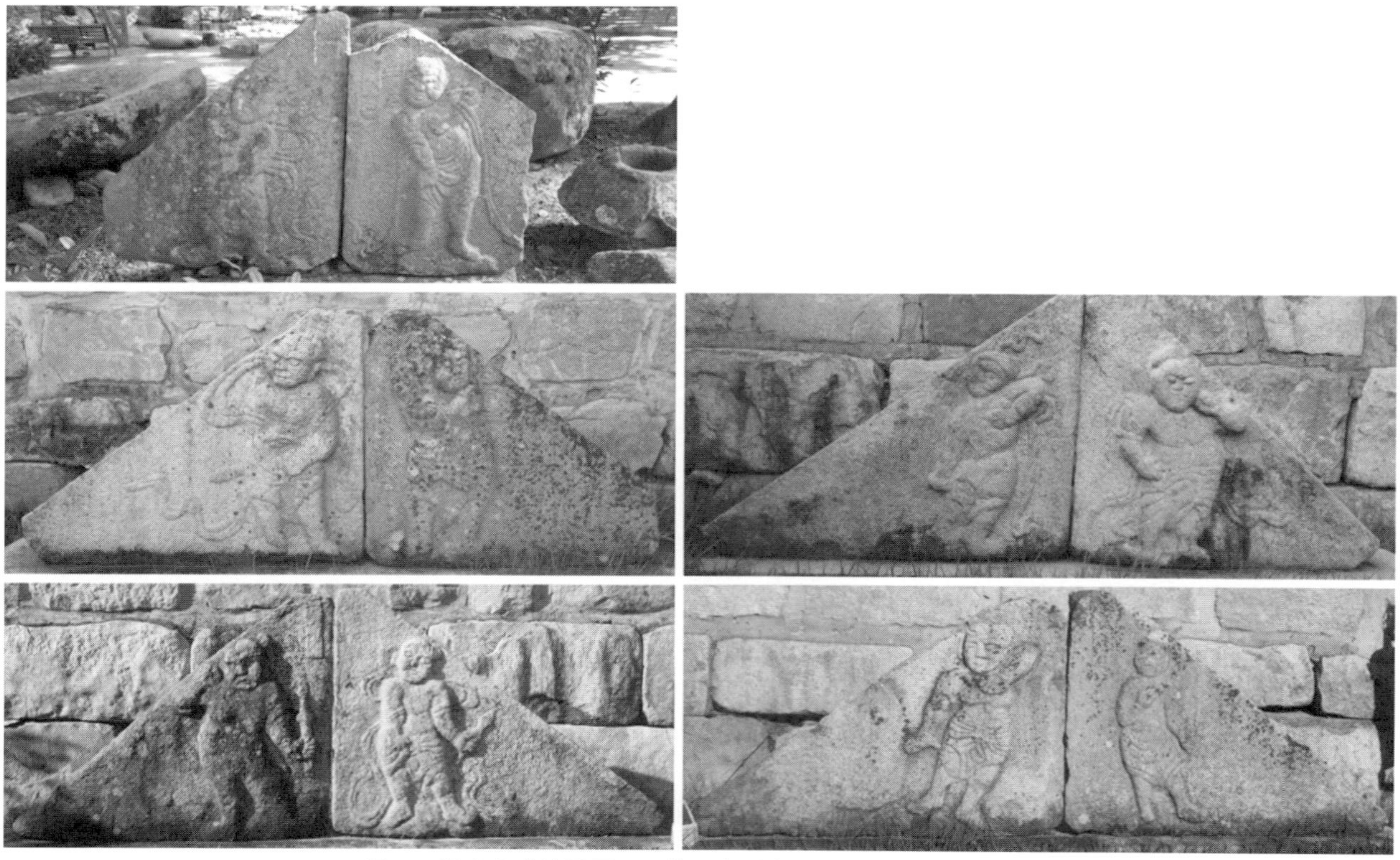

図７　通度寺戒壇周囲の10枚の金剛力士（各階段両側面部材）

其金剛壇浮図石鐘上如意珠石九龍盤石(30)

とあり、朝鮮時代の修理記録によると、舎利塔は鐘形で如意珠と九龍、全体は盤石の上にあり、他は現状と同様で、本来は舎利塔受けの盤石を含めた三重基壇であったとみられる。

また『戒壇図経』「戒壇立名顯號第二」には、

佛涅槃後。迦葉結集。來戒壇上。使小目連鳴鐘召百億四天下凡聖僧衆。（中略）初祇桓戒壇北有鐘臺。高四百尺。上有金鐘。重十萬斤。莊嚴希有。下有九龍盤像。龍口吐八功徳水。時欲受戒人至場壇所。龍便吐水灌頂(31)。

とし、マハ迦葉が鐘を鳴らして釈迦涅槃を知らせたとあり、この鐘には授戒時の灌頂のため九龍と、宝珠、蓮華で荘厳したとする。つまり、通度寺戒壇の鐘形の舎利塔は、鐘を鳴らして涅槃を告げたとする『戒壇図経』によるものと考えられるなど、これまで通度寺戒壇は『戒壇図経』の影響が指摘されてきた(32)。

また、現在の戒壇周囲には金剛力士を浮彫した三角形の部材が十枚存在し、その形から階段の側面に使用されたことがわかり（図7）、これらの題記中には「□羅王神」などの銘文が確認できる。『戒壇図経』において戒壇四面の五か所（南面は二か所）の、各階段の両側面に安置する、計十人の金剛力士で名前も一致することが指摘され、通度寺戒壇は本来『戒壇図経』のように、本来は五か所に階段が存在することからその影響は明らかになっている(33)。

これまで、道宣と交流した新羅僧として慈蔵と、彼が開いた通度寺戒壇を検討してきた。通度寺戒壇の構造と法量を整理し、『戒壇図経』と四天王寺護塔神を比較したのが**表2**である。通度寺戒壇は、『戒壇図経』に比べ中層基壇の高さが大きく異なる。

しかし、先述のように本来、三重基壇とみられ、鐘形の舎利塔と護塔神を安置し、四面に階段がある石造正方形の構造で、現状では下層基壇は幅九九〇cm高さ九七cm、中層基壇幅七一二cm高さ四〇cmで、後世の修理とある程度の差は認められる。しかしながら、こうした法量と構造は『戒壇図経』との共通点として認められる。

また通度寺戒壇の特徴は、表右の木塔で幅一〇七〇cm高さ一四〇cmの単層基壇の四天王寺塔と差はあるものの、同じく護塔神で埋

表2　『戒壇図経』と通度寺戒壇（現状と史料に基づいた復元構造）の構造・法量比較

	『戒壇図経』（667年、浄業寺戒壇）	通度寺戒壇（646年創建、後世修理）	四天王寺塔（670年着工、679年完成）
舎利塔構成	宝珠・九龍・鐘形本体・獅子・蓮台	宝珠・九龍・鐘形本体・蓮台	（心礎舎利安置）
上層基壇	幅210cm　高12cm	幅？　高？	
中層基壇	幅696cm　高136cm	幅712cm　高40cm	
下層基壇	幅902cm　高91cm	幅990cm　高97cm	幅1070cm　高140（護塔神90）cm
基壇構造	石造正方形、四面階段（5か所十枚金剛力士）、護塔神（龕窟）	石造正方形、四面階段（5か所十枚金剛力士）、護塔神	石造正方形、四面階段 護塔神（龕窟）

め尽くされた石造正方形基壇と、四面の階段は共通する。特に、四天王寺護塔神の高さは九〇㎝で、『戒壇図経』と通度寺戒壇の下層基壇の高さにも近く、通度寺戒壇でも護塔神が下層基壇面積の大半を占める点は極めて興味深い。

したがって、先の金剛力士の銘文が『戒壇図経』と一致するなど、多数の護塔神を安置する通度寺戒壇は、『戒壇図経』の内容を反映した浄業寺戒壇が伝来しない状況で、それと共通点が認められる『戒壇図経』と四天王寺護塔神の関わりの可能性を示す作例である。

五　道宣と交流した新羅僧二
―道宣の弟子新羅「智仁」―

道宣と交流した新羅僧には、彼の弟子である智仁がいる。『戒壇図経』には、

> 乾封二年二月八日及以夏初。既立　戒壇。仍依法載受具戒。于時前後預受者二十七人。並多是諸方。謂雍州　洛州　虢州　蒲州　晋州　貝州　丹州　坊州　隴州　澧州　荊州　台州　并州。如是等州依壇受具。故引大略知非謬緣。諸有同法之儔遊方之士。聞余創建興心嚮赴者。略列名位取信於後。終南山雲居寺大德僧伽禪師。京師西明寺大德眞懿律師。（中略）京師西明寺大德薄塵法師。（中略）京師光明寺新羅國智仁律師。華州西嶽沙門法藏禪師。（中略）荊州長沙寺智藏律師。（中略）并州六通寺智琮禪師。[34]

とあり、六六七年に浄業寺戒壇が完成し、道宣が受戒する二七人のうち、唯一外国人として九番目に「新羅智仁律師」と挙げている。一方、他に最初の数人は高僧とみられる「大徳」を優先し、落州・荊州・貝州などから禅師、法師、律師が集まったが、すでに僧侶である全員が再び受戒したことは不思議である。逆にこれは四十年前から戒壇研究に邁進してきた、道宣の戒壇を信頼することで、釈迦涅槃日の二月八日に開いた戒壇と受戒を学ぶ目的もあるのだろうか。最も戒壇は塔に等しいとする、護塔神安置規範を含む道宣思想が、様々な僧侶が来た中国全土の他にも、先述のようにすでに七世紀前半に道宣思想流入が確認できる、新羅において、七世紀後半においても絶えず拡散が予想でき、注目すべき点である。

ところで、智仁は道宣から浄業寺戒壇で受戒したことから弟子であることがわかるのだが、彼はすでに二十年程前の玄奘の訳場において確認できる。玄奘（六〇二～六六四）が貞観二十二年（六四八）に訳出した『瑜伽師地論』には、

> 貞觀（中略）二十一年（中略）法師玄奘。敬執梵文譯爲唐語。弘福寺沙門（中略）知仁。（中略）大唐貞觀廿二年（中略）弘福寺翻經院三藏法師玄奘奉。詔譯弘福寺沙門知仁筆受。[35]

とある。つまり、六四五年にインドから帰国した玄奘の『瑜伽師地論』翻訳に貞観二十一年（六四七）から翌年の六四八年にかけて、玄奘の門下で弘福寺沙門として知（智）仁が確認できる。さらに彼は、智昇が開元十八年（七三〇）に著述した『開元釈教録』に、

般若波羅蜜多心經（中略）貞觀二十三年（中略）**終南山翠微宮譯沙門知仁筆受**（中略）貞觀十九年（中略）弘福寺翻經院（中略）筆受道宣（中略）因明正理門論（中略）義淨出者同本貞觀二十三年（中略）**大慈恩寺翻經院譯沙門知仁筆受**。因明入正理論（中略）貞觀二十一年（中略）**弘福寺翻經院譯沙門知仁筆**。(36)

とあり、『開元釈教録』のように智仁は、貞観二十三年（六四九）年からは玄奘が開いた訳場である翠微宮と大慈恩寺に移っており、訳主の玄奘の弟子として活躍の場を移動している。とすると、智仁が異国僧侶として、訳場での活躍には中国語、梵語を含むインド・中央アジア仏教知識が不可欠であることを考えると、彼の入唐時期は、玄奘がインドから帰国する六四五年以前の可能性が高いと考えられる。

さらに日本の文献でも智仁については、平安後期の興福寺僧侶、永超（一〇一四～一〇九六）が記した『東域傳燈目録』において、

同疏二十卷大禪定寺沙門釋智首撰元二十卷成唐武徳六年歳次癸未之年建辰之日於西京日、**同抄記十卷新羅智仁亦智忍**、**同律抄記十卷學詮師依智仁記學詮抄出云云**、開四分宗拾遺抄十卷東塔、四分羯磨二巻本末道宣、四分律東塔疏音訓一卷、四分律含註戒本三卷**道宣戒壇圖經同上**、**祇園圖記同上**、**同論疏四卷智仁**、**同論疏五卷智仁**、**同論疏十卷智仁**披此疏似未見成唯識論學者可知。(37)

とあり、道宣の師匠である智首の著作と、道宣の『戒壇図経』『祇園図経』に、その弟子である智仁が多数の注釈を書いたことが窺える。

そして、東大寺戒壇院の凝然（一二四〇～一三二一）が記した『律宗綱要』には、

乾封二年丁卯十月三日。（中略）春秋七十二。僧臘五十二。**南山大師門人甚多**。**新羅智仁初作鈔記**。大慈律師亦作鈔記。弘景律師大興台宗。秉持兼濟。是南山重受戒弟子。鑒眞和尚受具和上也。作律鈔記。(38)

とあり、鑑真和上とともに道宣の弟子として新羅智仁が最初に登場する。

また、照遠撰の『資行鈔』には「初云前序是抄序。後序是教序也文此記**新羅釋智仁到於宣律師**。一一詰問出記三十餘卷(39)」とあり、道宣の弟子として学んだことが知られる。

これまで、道宣の弟子として智仁を検討してきたが、常に道宣とともに智仁が確認できる。智仁は『戒壇図経』完成時に道宣から浄業寺戒壇で受戒した新羅弟子として、後述する義湘といった新羅入唐僧と交流し、彼らが帰国後に四天王寺護塔神へ与えた影響は充分に想定できる。

六　道宣と交流した新羅僧三

―義湘と皇福寺石塔―

智仁と交流したとみられる入唐僧には海東華厳宗祖である新羅の義湘（六二五～七〇二）がいる。義湘については『宋高僧伝』「唐新羅國義湘傳」に、

釋義湘。（中略）總章二年附商船達登州岸（中略）湘乃徑趨長安終南山智儼三藏所。綜習華嚴經。時康藏國師爲同學也。（中略）湘終于本國。塔亦存焉。號海東華嚴初祖也[40]。

とあり、義湘が長安終南山、智儼の門下で、華厳第三祖法蔵とともに華厳を学び、師匠が亡くなった翌年の六六九年に終南山から離れ、後に新羅へ帰国したことを記している。

また、『三国遺事』「前後所將舍利」にも同様に、

相傳云。昔義湘法師入唐。到終南山至相寺智儼尊者處。隣有宣律師。常受天供。毎齋時天厨送食。一日律師請湘公齋。湘至坐定既久。天供過時不至。湘乃空鉢而歸。天使乃至。律師問今日何故遲。天使曰。滿洞有神兵遮擁。不能得入。於是律師知湘公有神衛。乃服其道勝。仍留其供具。翌日又邀儼湘二師齋。具陳其由。湘公從容謂宣曰。師既被天帝所敬。甞聞帝釋宮有佛四十齒之一牙。爲我等輩請下人間。爲福如何。律師後與天使傳其意於上帝。帝限七日送與。湘公致敬訖。邀安大内。（中略）按此録義湘傳云。永徽初。入唐謁智儼。然據浮石本碑。湘武德八年生。丱歳出家。永徽元年庚戌。與元曉同伴欲西入。至高麗有難而迴。至龍朔元年辛酉入唐。就學於智儼。總章元年。儼遷化。咸亨二年。湘來還新羅。長安二年壬寅。示滅。年七十八。則疑與儼公齋於宣律師處請天宮佛牙。在辛酉至戊辰七八年間也[41]。

とあり、義湘が六六一年から入唐し、彼が終南山至相寺で師匠智儼から華厳を学んだことを語っている。つまり、師匠の智儼とともに道宣に招かれ三人で儀礼を行い、ある日、義湘は、道宣に提案し帝釈宮の仏牙舎利を願って七日後に送られ、義湘はそれを宮殿に安置したとされる。さらに、その舎利は後の北宋徽宗代（一一〇〇～一一二五）に、仏教迫害により当時入宋していた高麗の使節により、高麗の睿宗（一一〇五～一一二二）のもとへ届き、王宮の「十員殿」の隣に安置したとする。

また、義湘の入唐を六六一年、唐の新羅侵攻計画を知らせ、四天王寺創建をもたらした、後の六七一年に帰国とし、末尾に注において、道宣と交流した時期を七～八年間だと検証している。義湘の入唐年の根拠とする「浮石本碑」は、義湘が帰国後六七六年創建した、現在の浮石寺にあった、当初に遡る石碑として信憑性の高いものである。

一方、本記事は、他にも多数の舎利の将来経緯を語る「前後所将舎利」という項目の一部として、仏牙舎利が高麗へ届くまでの経緯の延長線上にあるものだが、『三国遺事』には「義湘伝教」という彼だけを扱う別の項目がある。つまり、義湘が道宣に願って安置した仏牙舎利が、後に同時期の北宋徽宗や高麗睿宗の十二世紀まで繋がる話など具体性に富んでいる。さらに、こうした義湘の入唐と帰国時期などは師匠智儼、その門下でともにした華厳第三祖法蔵の行状と照らし合わせても正しいものと言える。

したがって、二人の交流は義湘が六六一年から長安に滞在し、道宣が六六五年終南山に戻って二年後に亡くなるまで、二人とも長安にいた七～八年間のことである。義湘の師匠、智儼の示寂の六六八年を勘案すると、少なくとも六六五年～六六七年の間、三人とも終南山に揃っていたことは確かで、『三国遺事』は後世の文献である

ものの、本記事での検証内容は正確である。むしろ、道宣が終南山に戻った後、『戒壇図経』完成頃三年間に限ると、道宣に会わざるを得ない時期である。すなわち、この時期は智儼に義湘、道宣に智仁という、当時中国の名立たる二人高僧にそれぞれ新羅弟子がいた時期でもあり、義湘は同じ新羅僧として、先に触れた道宣の弟子、智仁とも知り合って交流したのであろう。

また、義湘の行状に関して注目される点は『三国遺事』『義湘伝教』において、

西京崇福寺僧法藏。致書於海東新羅華嚴法師侍者。一従分別二十餘年。（中略）近因勝詮　法師抄寫。還郷傳之彼士。請上人詳検臧否。（中略）**湘住皇福寺時。與徒衆繞塔。毎歩虚而上。不以階升。故其塔不設梯磴。其徒離階三尺。履空而旋。湘乃顧謂曰。世人見此。必以爲怪。不可以訓世**。(42)

とある点である。つまり、華厳第三祖法蔵（賢首、六四三〜七一二）が彼の弟子、勝詮という新羅僧を通じて、師匠智儼の門下でともに修学した義湘に宛てた手紙の中で、法蔵と義湘が別れて二十年余りとする内容から、六九一年から翌年以降のものであり、義湘は帰国後も中国仏教との交流を続けていることがわかる。一方、後半に義湘は皇福寺において、弟子とともに毎回、梯子を使わず三尺離れた塔に登って周囲を廻ったとし、怪しく思われることを避けるため後世に言わないようにしたとしている。ところで、本記事の手紙は周知のように天理大学に伝来、また皇福寺塔は慶州に実存し（図８）、本記事も彼が道宣と交流した話のように信憑性の高いものである。

図８　皇福寺塔（上層基壇上部の長方形空間と初層）　天授三年（692）　花崗岩　塔高730cm

一方、皇福寺石塔は、塔から発見した舎利容器の銘文にあるように、「**神文大王**（中略）**天授三年**（**六九二**）壬辰七月二日乗天所以神睦太后、孝照大王奉爲宗廟聖靈禪院伽藍建立三層石塔、聖曆三年（七〇〇）庚子六月一日神睦太后遂以長辭高昇淨國、大足二年（七〇二）壬寅七月廿七日孝照大王登霞」とする。すなわち、銘文によると本塔は六九二年に神文王がなくなって建立した石塔である。つまり、義湘の没年が七〇二年であることから、彼が塔に登った期間は最長十年間と判明する。

ところで、石塔は材質による構造の問題もあり、大半は階段を設けない。一方、木塔は四天王寺のように四面に階段があり、義湘が梯子なしで登ったとの表現は木塔を意識していることがわかる。したがって、木塔が多かった七世紀に、敢えて階段もない石塔に登り、それを後世に

言わないようにとしたことから、彼自身も不自然と認識しており、「右繞」のような一般的な儀礼ではないと見られる。

ところで、皇福寺石塔の東面には、上層基壇に奥行二〇cm、高さ一〇cm、幅四四cmの他の塔にはない長方形空間が確認できる（図8）。石塔の基壇は花崗岩を組み合わせて仕上げたもので、完成後に現状の空間のように綺麗に加工することは、構造と周辺部材まで影響があるため、全面解体しない限り現実的に厳しい。すなわち、この空間は創建当初のものとみるのが妥当であろう。

また、塔構造的に登ることができるのはこの空間がある上層基壇のみであり、この空間に登ると塔初層から幅六五cm、高さ二〇〇cmで、物理的には歩くことはできる。さらに、この空間の上が五cm長いため段差（上から被る形）が存在し、こうした斜めの地面向きの二〇cmの深い奥行の長方形空間に沿ったものを、しっかり固定する用途と推定できる。すなわち、この空間のある高さ一六六cmもある上層基壇最上部にある位置と地面向きの構造からは、記録とは矛盾しても、梯子といった簡易階段施設が想定できる。したがって、先述の義湘が道宣と交流した記事、そして実存する法蔵からの手紙の内容と連続する記事である、塔に登ったことはそうした記事のように信憑性の高いものと考えられ、梯子設置と推定できるこの空間もそれを裏付けるものである。また、皇福寺は彼自身が出家した場所でもあり、弟子とともに登ったとの表現は、六九二年の塔建立時期からも、帰国後七〇歳程度の末年を送っており時期的にも相応しい。

一方『戒壇図経』では、「東轉北迴。繞佛一匝已。至三空座前。一一禮已。（中略）引欲受戒者至南面東階道下[43]」とあり、授戒時に東から北へ回り、舎利塔周囲を礼拝するという。皇福寺石塔の登るための用途とみられる空間も東面に位置し、かつ片方に偏っているという特徴は、方角は違うものの、道宣の『行事鈔』の戒壇図（図4）における南面大門と類似している。つまり、義湘がこうした舎利安置の塔本体に上って廻ったのは、戒壇に上がり舎利塔周囲を廻る『戒壇図経』の内容と共通する。

ところで、皇福寺石塔に関して注目した作例は、居頓寺址石塔で、二重基壇を設ける典型的な統一新羅石塔でありながら、珍しく下に高さ九〇cm、幅七二〇cmの基壇を設ける三重基壇である（図9）。

図9　居頓寺址石塔　統一新羅　原州　塔高530cm　基壇幅720cm　基壇高90cm

南面には階段を設け、それを登ると塔から左右に二〇〇㎝に近い空間が広がる。これは、間違いなく登って廻るための構造であり、他の塔にない特別な機能をしたのであろう。こうした特徴は、南面に大門や階段などの出入口を強調する、『行事鈔』や『戒壇図経』の戒壇と共通し、石造三重基壇を前提とし、高さ九〇㎝の下層基壇と、そこから上に上がると二〇〇㎝ほどの空間が広がるという戒壇を語る『戒壇図経』と、材質や構造と数値の共通点は興味深い。つまり、道宣が記した彼の師匠、智首が塔で受戒した話や、塔と戒壇は等しいという表現を言い換えると、他の塔とは異なる三重基壇で巨大な下層基壇を持つ居頓寺址石塔も、同じく舎利安置の空間として、戒壇の役割も果たした可能性を示す。

　だとすると、同じ石塔で梯子などの設置が推定できる石塔に、弟子と登って舎利安置の塔本体を廻った義湘の行為は、階段で戒壇に登り舎利塔周囲を巡る『戒壇図経』との共通点からも、「受戒」が想定可能となる。仮にそうであるならば、未だに戒壇が確認できない都の慶州で敢えて階段もない石塔に登った儀礼は彼自身も認知するように七世紀当初には確かに不自然であり、そのため後世に伝えないようにしたのであろうか。塔に登ったことは道宣に会ってから帰国後であることと、『戒壇図経』でインドの伝統として強調する石造戒壇のように、皇福寺塔が石塔であることは改めて注意される。したがって、義湘は護塔神を語る『戒壇図経』完成頃の道宣と交流し、中国仏教の最新情報が目的の入唐から帰国して唐の新羅侵攻計画を知らせ、四天王寺創建をもたらした人物として、護塔神出現にも関わった可能性のある有力な一人でもある。

結　論

羅唐連合軍は百済を滅ぼし、唐はそれを記念すべく、定林寺塔の初層に銘文を残し（図10）、高句麗まで滅ぼすとその地域も唐支配下となり、羅唐連合が崩れ、両国は敵対的な関係になる。一方、その分、中国文化はより早く新羅へ流れ込んだ。唐撃退のため創建された四天王寺は、入唐僧として道宣と交流した義湘がもたらしたも

図10　定林寺址石塔の初層銘文「大唐平百済国碑銘」（拓本）　顕慶５年（660）

のであり、また四天王寺護塔神の安置者は入唐経験を持つ明朗である。また四天王寺護塔神は、道宣と交流した慈蔵が開いた通度寺戒壇や、それに影響した『戒壇図経』との共通点が認められ、四天王寺護塔神はいずれも「唐」や道宣の『戒壇図経』に繋がる点が留意される。

四天王寺塔護塔神は、配置や構造、法量、時期的にも『戒壇図経』と多くの共通点が認められる。また、護塔神と銘文が一致するなど『戒壇図経』の影響を受けた通度寺戒壇は、四天王寺護塔神とも共通点が多く、浄業寺戒壇が伝来しない状況で四天王寺護塔神が『戒壇図経』と関わる可能性を裏付ける端緒と言える。また、道宣の弟子智仁の存在や、『戒壇図経』完成頃の道宣と交流した義湘が、帰国後に皇福寺塔に登った行為も注目され、四天王寺創建をもたらし、四天王寺護塔神の出現に関わった可能性が指摘できる。

（イジニョン・龍谷大学大学院）

註

（1）文化財庁・国立慶州文化財研究所『四天王寺Ⅱ　回廊内郭発掘調査報告書』二〇一三。

（2）大正五二、四〇八頁中。

（3）道卓は貞観十九年（六四五）に道宣が執筆した『続高僧伝』に「有學士靈覺道卓。並蜀土名僧」（大正五〇、五〇五頁）とあり、蜀の高僧とされる。そして、慧立が垂拱四年（六八八）に編纂した『大唐大慈恩寺三藏法師傳』に「即菩提留支三藏翻譯經處。玄奘望爲國就彼翻譯。（中略）終南山豐德寺沙門道宣。簡州福聚寺沙門靜邁。蒲州普救寺沙門行友。棲巖寺沙門道卓」（大正五〇、二五三〜二五四頁）とし、『感通録』を編纂した道宣とともに貞観十九年（六四五）に開かれた弘福寺の訳場に招聘された僧侶の中に同名がみえる。

（4）大正二二、四九七頁下。

（5）「塔下」の意味は塔の基壇や、低層部分の壁面またはその内部、もしくは地下部分など、断定することは難しいという見解がある（「美術史料として読む『集神州三宝感通録』―釈読と研究―（三）」『奈良美術研究』第九号、早稲田大学奈良美術研究所、二〇一〇年、一四三頁）。

（6）本記事の「十二神王」を、「十二神将」とする見解は、亀田孜（『法隆寺　壁画と金堂』「法隆寺金堂の壁画」朝日新聞社、一九六九年、三九頁：『大和古寺大観　第四巻　新薬師寺　白毫寺　円城寺』岩波書店、一九七七年、四二頁）や、中野照男氏（『日本の美術　三八一　十二神将像』至文堂、一九九八年、三八頁）がある。本記事からの薬師如来の十二神将と同尊格であるかは確認できないものの、十二神王の名称について最古の『薬師経』である『灌頂経』巻第十二には、「十二鬼神」と「十二神王」が、後の『薬師経』の十二神将の異訳として挙げられる。

（7）大正五〇、六一三頁中〜下。

（8）大正五〇、七九〇頁中〜七九一頁下。

（9）大正四九、一〇〇四頁上。

（10）文明大「良志와 그의作品論」『仏教美術』一、一九七三年：張忠植「錫杖寺址出土遺物과釈良志彫刻遺風」『新羅文化』三四、一九八七年、八八〜九三頁：文明大「新羅大彫刻匠良志論에 대한새로운해석」『美術史学研究』二三二、二〇〇一年、五〜二〇頁：崔聖銀「統一新羅四天王寺緑釉塑造神将像의研究와向後課題」『新羅史学報』二六、二〇一二年。

（11）大正四九、九七二頁上〜中。

（12）大正四九、一〇〇六頁下。

（13）林玲愛「四天王寺址塑造像의尊名」『美術史論壇』二七、二〇〇八年、七〜三二頁。

（14）朴亨國『韓国の浮彫形態の仏教集合尊像（四仏・五大明王・四天王・八部衆）に関する総合調査』（平成十六年度〜平成十八年度科学研究費補助金　基盤研究（B）海外学術研究成果報告書）二〇〇八年、三九七頁。

（15）大正四九、一〇一一頁中。

（16）金淵敏「新羅文武王代明朗의密教思想과意味」『韓国学論叢』三〇、国民大学校韓国韓国学研究所、二〇〇八年

金相鉉「四天王寺의創建과意義」『新羅文化祭学術発表会論文集』一七、東国大学校新羅文化研究所、一九九六年

崔聖銀「統一新羅四天王寺緑釉塑造神将像의研究와向後課題」『新羅

史学報』二六、二〇一二年

(17) 大正四五、八一八頁上～中。

(18) 大正四五、八〇九頁上～中。

(19) 大正五〇、六一四頁上～下。

(20) 大正四五、八〇八頁下～八〇九頁上。

(21) 大正四五、八〇七頁下～八一一頁中。

(22) 卍続蔵経四四、七五三頁中。

(23) 卍続蔵経四四、七九七頁上。

(24) 同書物の初稿成立年代が武徳九年（六二六）～貞観三年（六二九）頃と指摘される（藤善真澄『道宣伝の研究』京都大学学術出版会、二〇〇二年、一一二～一一六頁）。

(25) 大正五〇、六三九頁上～六四〇頁上。

(26) 大正四九、一〇〇五頁下。

(27) 南東信「慈藏의佛敎思想과佛敎治國策」『韓国史研究』七六、一九九二年、一一頁：박미선「慈藏定律条로본慈藏의生涯와'定律'의意味」『新羅文化祭学術発表論文集』三三、二〇一二年、八八頁。

(28) 大正四九、二九六頁下～二九七頁上。

(29) 大正四九、九九三頁上～中。

(30) 韓国学文献研究所『通度寺誌』亜細亜文化社、一九七九年、一六頁。

(31) 大正四五、八〇七頁下～八〇八頁上。

(32) 박언곤이재인최효식「韓国仏教寺院의戒壇과『戒壇図経』의比較研究」『建築歴史研究』第一六巻二号（通巻五一）二〇〇七年、九九～一一八頁）。一方、張忠植氏は『戒壇図経』の法量や構造に通度寺戒壇が類似しながらも、慈蔵と道宣が直接会ったことが確認できず、『戒壇図経』より通度寺戒壇が先立つため、慈蔵の独自的なものとしている（「韓国 石造戒壇考」『仏教美術』四、東国大学校博物館、一九七九年、一〇四～一三九頁）。また、高壽永氏も『戒壇図経』ではなく慈蔵が唐で目撃した戒壇に基づく可能性を指摘する（「金山寺 方等戒壇에 対한考察」『青藍史學』三、二〇〇〇年、一六五頁）。

(33) 韓政鎬김지현「通度寺戒壇金剛戒壇의変遷과浮彫像의図像考察」東国大学校新羅文化研究所『新羅文化』五〇、二〇一七年、二一三～二四四頁）。

(34) 大正四五、八一六頁中～八一七頁上。

(35) 大正三〇、二八三頁中～八八一頁下。

(36) 大正五五、五五五頁下～五五六頁下。

(37) 大正五五、一一五五頁中～一一五七頁中。

(38) 大正七四、一六頁下。

(39) 大正六二、二八三頁下。

(40) 大正五〇、七二九頁上～下。

(41) 大正四九、九九三頁下～九九四頁下。

(42) 大正四九、一〇〇七頁上。

(43) 大正四五、八一五頁下。

新羅の華厳教学の概要、および日本華厳との関連

佐藤　厚

はじめに

華厳教学は、『華厳経』を所依の経典として、中国の唐代、七世紀半ばから八世紀にかけて形成された仏教思想の体系である。伝説では初祖・杜順（五五七～六四〇）、第二祖・智儼（六〇二～六六八）、第三祖・法蔵（六四五～七一二）、第四祖・澄観（七三八～八三九）、第五祖・宗密（七八〇～八四一）と継承された。この中、教理の中核は一般に第三祖の法蔵『五教章』により完成したとされる。その内容は教判と教理とに分けられる。教判とは、中国で発達した経典の優劣を判定する理論体系であり、華厳教学では五教十宗判を建て、『華厳経』を五教の中の円教、十宗の中の円明具徳宗に位置づける。教理とは、中心となる思想内容のことで、華厳教学では、「一中一切」、「一即一切」と表現される個と全体との相互関係を論ずる。具体的には、『五教章』「義理分斉」の中でこれを解き明かしている。

華厳教学は中国の周辺地域である新羅、日本に伝播した。この中で、新羅に華厳教学を伝えたのは、法蔵の兄弟子の義相[1]（義湘、六二五～七〇二）であった。義相は法蔵の教学形成に影響を与え、さらに、義相の先輩である元暁も法蔵に影響を与えた。このように、華厳教学の形成において中国と新羅は相互に影響を与えた関係にある。

本発表は、新羅の華厳教学の概要を整理[2]し、さらに日本の華厳教学との関連にも言及する。中でも発表者は新羅の華厳の中、義相とその系統の研究を行ってきたので、それを中心として論ずることにする。なお日本の華厳教学との関連については近年、金天鶴氏、崔鈆植氏により研究が進められており、本稿も多く依拠した。

一　新羅の華厳教学の概要

新羅の華厳は、大きく義相の流れとそれ以外とに分けられる。出発点は義相である。義相は新羅の出身で、先輩の元暁（六一七～六

八六）とともに入唐を試みるが失敗する。その後、義相は単独で入唐して中国華厳宗第二祖の智儼の下に至り、約十年間教えを受け、総章元年（六六八）七月に主著『一乗法界図』を著わした。その後、新羅に帰国した義相は浮石寺を拠点として華厳教学を教授した。六九〇年ころ、法蔵から手紙と著作が届き、著作の可否を尋ねてきた。ここから法蔵が義相を先輩として慕う気持ちがみてとれる。義相は七〇二年に亡くなる。その後、義相の思想のその流れは、世代を継承して高麗時代の均如（九二三～九七三）に至る。

一方、義相から華厳教学の情報を得た元暁も『華厳経』の注釈を著わすが、義相とは教学のスタイルを異にする。義相の系統が『華厳経』中心なのに対し、元暁の場合は和諍という思想が根底にあり、どの経典も公平に見ていく、いわば総合仏教の立場である。よって『華厳経』は大事であるが、それだけを中心にすることはない。この元暁と同様の態度をとる仏教者も多い。ここではまず義相と義相系を見、続いて元暁と総合仏教の系統を見ていく。

一－一　義相とその系統の教学

（一）義相と『一乗法界図』

前述したように、新羅の華厳教学は義相に始まる。義相の主著は『一乗法界図』である。

『法界図』は図印と解釈からなる。図印は、華厳の世界を表現した二一〇文字、七言三〇句の漢文を四角形で表現し、文字を中心の「法」の字から読み始め、上下左右に屈曲して最後は「仏」の字で終わるように配置したものである。解釈の部分は、図印を大きく総釈印意、別解印相に区別して解釈する。解釈によれば、文字の配列の意味は、修行（因）と悟り（果）とは一見すると別に見えるが、華厳の世界ではそれが一体の中道にあることを示している。

この中道が『法界図』の中心的概念である。『法界図』は世界を一なるものとして捉え、そこに迷いと悟り、事と理のような世界を分節して捉える見方を批判する。そしてそれらが常に中道にあることを繰返し説く。義相の視点では、世界は融通して一なるものである。よって何かを取り上げた時、そこにすべてが含まれる。事をとりあげると、その中には自ずと理も含まれている。

この『法界図』の思想背景には、師の智儼の華厳思想がある。しかし、『法界図』の中心概念である「中道」は、仏教一般では概念であるが、華厳教学においてそれほど重視されない。そこから、他の思想背景として、留学前に新羅で三論宗か、地論宗の教学を学んでいたことが関係するのではないかと考えられている。

『一乗法界図』の教学は中国の華厳思想にも影響を与えた。華厳教学を大成した法蔵の『五教章』「義理分斉」に、銭を数える比喩をもとに、華厳の「一中一切」、「一即一切」を論じるところがあるが、これは『一乗法界図』が先である。

（二）義相の系統と思想

義相の系統は新羅時代を通じて継承され十世紀（高麗時代）の均如に至る。ここではその系統と思想について述べる。

（二－一）系　統

義相の系統の人物・著作は〈表1〉のように整理される。これは十世紀の均如の文献（『韓国仏教全書』巻四所収）、十三世紀（成立の下限）と考えられる『一乗法界図』の注釈と関連文献を集成した編者不詳『法界図記叢髄録』（『大正新修大蔵経』巻四五所収）から構成したものである。ここではごく大まかに三つの時期に分類した。

〈表１〉義相の系統

第一期	**義相と直弟子の時代（約六八〇年から約七五〇年位まで）** 道身『道身章』、智通『智通問答』、伝法蔵『華厳経問答』、表訓、悟真、真定、良円、相元、常元、義寂、純梵、綸廻、大正角干
第二期	**神琳とその弟子たちの時代（約七五〇年以後から約八〇〇年）** 神琳、順梵、行将、将、大乗冏公、融順、『十句章』 質応、大雲法師君、嵩業、覚潤、融秀、梵体、潤玄、崇業『崇業師観釈』融、法融『法融記』（＊一乗法界図注釈）
第三期	**神琳周辺以後から均如以前（約八〇〇年以後から約九〇〇年）** その他、師承関係が不詳なもの 融質、霊観、『南岳観公記』、決言、真秀『真記』（＊一乗法界図注釈）、思惟、秀業、『大記』（＊一乗法界図注釈）、法雄、伽徳、時徳、生、霊炬、体融、普解、普海、論金、巧潤、行遠、『古記』、『簡義章』、『四大常転法輪観』、『自体仏観論』、『心輪鈔』、『開宗記』

以下、簡単に説明する。

第一期の義相と直弟子の時代（約六八〇年から約七五〇年位まで）は、義相の教学が新羅に受容される最初の時期である。弟子たちの文献はまとまっては存在しないが、道身の『道身章』、智通の『智通問答』の断片が逸文として伝わる。これに関連しては、法蔵の作と日本で伝わった『華厳経問答』の内容が、道身、智通の著作と共通することから、これが新羅撰述文献であり、義相の講義録であるという見解が出され[3]、定説となっている[4]。また逸文の中には『法界図』の解釈もあり、観法により『法界図』を解釈していた。

第二期の神琳とその弟子たちの時代（約七五〇年以後から約八〇〇年）は、義相の孫弟子にあたる神琳とその弟子が活躍した時代である。この時代から後述する義相系華厳学の性格が濃くなっていく。この時期を代表する文献が『十句章』である[5]。『十句章』は、中国華厳の智儼が略疏を完成した際に、表紙に十句を記し、それに法融や神琳らが注を付けたと伝えられるものである。さらに、これに注釈を付したのが均如の『十句章円通記』である。このように成立から不思議な文献であるが、内容も不思議で、華厳教学の内容がテーマであるが、通常の教理研究とは趣を異にしており実践の雰囲気が強いものである[6]。このほか、神琳の弟子である法融の『法界図』注釈が作られた。

第三期の神琳周辺以後から均如以前（約八〇〇年以後から約九〇〇年）には、『法界図』注釈のほか、様々な義相系統の文献がある。『古記』は義相系統の様々な議論を収録したものであり、『自体仏観論』は自分の中に存在する仏を観ずることを説く。

（二-二）教学

続いて義相系の教学に入る。義相系といっても、義相から均如までは約二五〇年の幅があり、その中で変容はあるであろうが、発表者が考える、ほぼ全体に共通するであろうという特徴を挙げる。

①『華厳経』専一

『華厳経』専一とは、『華厳経』と他の経典との関係はさほど問題にせず、『華厳経』自体を深める教学ということを意味する。これを象徴するのが五重海印説である[7]。五重とは五つの段階、海印とは

『華厳経』所依の三昧とされる海印三昧である。つまり五重海印とは、海印三昧に五つの段階があるということである。

一般に華厳教学は、「海印三昧一時炳現の法門」と言われる[8]。それは仏が、静まった海のような三昧＝海印三昧に入り、その中に浮かび上がった教理ということである。義相系ではこれに五つの段階があることを説く。それは、1忘像海印、2現像海印、3仏外向海印、4普賢入定観海印、5普賢出定在心中及現語言海印である。それぞれの名称から、これらが仏から普賢菩薩へと、法が移り行く過程を分節化したものであることがわかる。通常の華厳教理は、例えば法蔵の『五教章』でも、「因分可説、果分不可説」として、普賢菩薩の段階では言語が可能であるが、仏の段階では言語が不可能であるとする。これをあわせて考えると、義相系は、果分を分節化し、その内奥に迫ることを意図していると解釈できる。

中国仏教の教判論は、自分の所依とする経典を中心に置き、他の経典をそれとの関係で位置づけることを行う。華厳教学では五教判がそれにあたる。そこでは他の経典、学派の思想に、小乗教、大乗始教、大乗終教、頓教という名称を与え、円教である『華厳経』との区別を行う。ところが義相系の場合、五教判も用いるが、それよりも彼らの志向は『華厳経』そのものの奥底に迫ることにあったと考えられる。

②自分の中に世界が含まれる

第二の特徴として、自分の中に世界が含まれることを論ずることを取り上げる。次の文は、『法界図』の冒頭の「法性」に対する真秀の注釈である。通常、法性といえば現実世界の背後にあり、それを成立させる何者かと考えやすい。これを義相の系統では徹底して現実の中に、自分の身体に見て行く。

> 「法性」とは、微塵の法性、須弥山の法性、一尺の法性、五尺の法性あり。若し今日の五尺の法性に約して論ずれば、微塵の法性、須弥山の法性等、自位を動かさずして五尺を称成す。小位を増さず大位を減ぜずして能く成ずるなり[9]。

まず「法性」には、微塵の法性、須弥山の法性、一尺の法性、五尺の法性があると述べる。この定義がまず特徴的である。微塵、須弥山は小さなもの、大きなものであり、一尺、五尺は長さを計測した単位である。すなわち法性とは抽象的な何かではなく、それぞれが現実にあらわれた形で存在していることをいう。さらに、微塵、須弥山、一尺の法性は、それぞれそれを動かさないままで五尺の法性を称成させるという。五尺とは人間の身長を言う。つまりこれは世界の個物がそれぞれの形のままで自分の体を成立させることをいう。この場合の成立とは縁起ということである。故に、これは華厳の世界観の一と個物との相即の関係を、自分の身体で表現したということである。同様の表現に、『法界図』の注釈書『法記』に出る「三世間を自分の身心とする（三種世間為自分身心[10]）」という表現がある。

続いてこの世界観を前提とした観法を紹介する。これは、人がある物の名前を呼ぶと、周りのすべてがその名前のものになる、というものである。例えば、「私」と発声した時、周りのすべてが「私」になり、私の中に宇宙全体が含まれることを説く。この背後にあるものは華厳の「一即一切」の思想であり、これ自体は独特ではないが、発声を契機としてそのものになりきるという実践は、中国や日本の華厳思想には見られない独特なものである。高麗の均如はこれを「尽不尽観」と名付けている[11]。原文は次の如くである。

> 若し尽不尽観を習はば、一たび舎那仏と唱ふる時、一切諸仏、及び諸の衆生は皆な是れ舎那なり。故に吾身も亦た即ち舎那仏なり。是の故に即ち舎那仏を見るなり。又た吾身と唱ふる時、一切諸仏と及び諸の衆生とは並びに吾身の中に具足するが故に、一念を移さず五尺を離れずして頓に仏海を見るなり[12]。

すなわち「自分の身体」と唱えるとき、すべてのものが自分の身体の中に収まることになり、心も（一念を移さず）身体（五尺）もを離れず使うことなく仏を見るという。これは仏教の実践という面でもユニークである。興味深いのは、これが真言などの神秘的な呪文ではなく日常の言語であるということである。

以上述べてきたことと関連して、義相系には自分の中の仏を拝するという思想がある。これは『華厳経問答』に説かれるものであり、石井公成氏の言葉を借りると次のようになる[13]。「現在の我が身が「全体（そっくりそのまま）如来蔵仏」なのであるから、自分のことを教化してくれる仏とは、この「自体仏」にほかならないとし、遠く外に仏を求めないことこそが「観行者の大要」であるとする。そして、この「自体仏」は法性であって「一切法界有情非情」すべてに行き渡っているため、「自体仏」を礼拝すれば、この世界に礼拝しない対象はなく、この点も「甚だ大要」であると断言」する。

以上、義相系華厳の教学とは、『華厳経』中心で、さらに自分の中にすべてが収まるという実践的な思想であることがわかるであろう。ここから義相系は、細かな経典論書の注釈を活発に行うのではなく、おそらく義相に始まる実践性を継承する宗教性の高い集団だったと考えられる。

（二-三）義相系思想の延長線：『釈摩訶衍論』、『健拏標訶一乗修行者秘密義記』

続いて、義相系思想の延長線に成立した文献として、『釈摩訶衍論』、『健拏標訶一乗修行者秘密義記』を紹介する。

龍樹菩薩造、筏提摩多訳とされる『釈摩訶衍論』は、『大乗起信論』の注釈という体裁をとるが、架空経典と特異な教説が特徴的である。日本の真言宗の空海が重視したことにより、日本では継続して研究が重ねられた。これには日本伝来当初から偽作説があり、新羅撰述説（新羅大空山月忠作）も提起されていた。石井公成氏は内容から、これが新羅撰述であることを論じ、その目的は『大乗起信論』をめぐる論争を止めさせることであったという[14]。

続いて『健拏標訶一乗修行者秘密義記』は、中国の房山石経に刻まれた典籍である。著者は「大香山隠士法蔵」、本文に法蔵が「平壌の人」とあることから朝鮮半島成立の文献である。その特徴は、第一に、義相『法界図』の文字数を拡大した図印が収録されていることであり、ここから義相系の思想家であることがわかる。第二に、思想面では華厳教学、密教、『大乗起信論』の思想が盛り込まれていることである[15]。この文献は、中国にも伝播し、十世紀の延寿の『宗鏡録』に引用されたほか、十一世紀の高麗の義天がこの文献に言及している。そのほかには思想的影響などは見られないが、義相系華厳思想の延長にあることはいえると思う。

一―二　元暁とその系統の教学

義相とともに新羅仏教を代表するのが元暁である。義相とともに入唐を志すも風雨に遮られて志を果せず、洞窟の中の出来事で三界唯心を悟り、入唐を放棄した。その後、新羅で研究に励むも、王命で結婚し子供をもうけた後に還俗し、小姓居士と号して無礙と名付けた瓢をもち、人々を教化したという。元暁は著作が多いことで知られる。現在、七十四部の著作が数えられるが、現存するのは『十門和諍論』（断簡）、『大乗起信論海東疏』、『大乗起信論別記』、『華厳経疏』（断簡）、『金剛三昧経論』、『涅槃経宗要』、『大慧度経宗要』、『二障義』など二十二部である。その教学は、華厳、唯識、如来蔵、戒律、浄土など、あらゆる方面にわたるため、義相とは異なり華厳だけの人物ではない。中でも中心的な思想は『大乗起信論』の一心の思想に基づいた和諍の思想とされる。元暁の思想は中国の法蔵の思想にも影響を与えた[16]。

元暁の系統は、日本に伝わる系図[17]では、「元暁―太賢―表員―見登」と続く系統があったとされる。太賢は景徳王代の大徳であり、唯識と因明に通じていたとされる。五十二部の著作があったとされるが、現存するのは『梵網経古迹記』、『梵網経菩薩戒本宗要』、『成唯識論学記』、『起信論内義略探記』である。表員は『華厳経文義要訣問答』を著した。これは『華厳経』解釈において重要なポイントについて、法蔵や元暁の著作を引用して解決したものである。この中、太賢、表員について、吉津宜英氏は引用の仕方から「元暁法蔵融合形態」と命名している[18]。彼らの思想を「元暁法蔵融合形態」と規定するのが本当に正しいかどうかはさらに検討しなければならないが、義相の系統とは異なった思想のあり方であることは確かである。最後に見登には『大乗起信論同異略集』、『華厳一乗成仏妙義』の著作がある。前述した系統では元暁の系統に入っているが、著作を調査した結果、実際には義相の系統の人物で、日本に渡り著作活動を行った人物であることが明らかになっている[19]。

一―三　高麗、朝鮮時代における華厳教学

新羅以後の高麗、朝鮮時代における華厳教学について簡単に見る。高麗時代（九三六～一三九二）、朝鮮時代（一三九二～一九一〇）の二つの時代は朝鮮半島の仏教において対照的である。高麗時代は新羅時代の崇仏政策を継承し仏教を重要視した。

高麗時代の華厳には、義相の華厳専一の流れと元暁の総合仏教の流れの両者が継承されていたらしい。この中、義相の流れを継承したのが、十世紀に出た均如（九二三～九七三）である。彼は義相、智儼、法蔵の著作に注釈を著わした。その中には多数の新羅以来の議論が引用され、その中で均如自身の立場が表明されている。いわば均如は新羅以来の義相系華厳の一つの代表ということができる。

これと対照的なのが十一世紀の義天（一〇五五～一一〇一）である。彼は王族の出身で、入宋して経典論書に対する注釈を収集し、やがてそれを集大成して続蔵経を製作した。また華厳宗とともに、天台宗の教えを朝鮮半島にもたらした。この義天の教学は華厳専一の均如とは対照的であったらしく著書の中で均如を批判している。この背後にあるのは、総合仏教を標榜する義天と華厳専一の均如という性格の違いがあったと考えられている[20]。また、義天は義相と元暁を顕彰し、義相には「円教国師」、元暁には「和静（諍）国師」

という国師号を追贈している。

続いて十二世紀には知訥（一一五八〜一二一〇）が出た。彼は禅者であるが華厳にも通じた。彼の華厳の中心は李通玄『新華厳経論』であるが、その中には義相の著作も引用している。

その後、十四世紀以後、朝鮮半島の仏教が禅、それも看話禅が主流になると新羅の華厳思想の直接的な影響は見えなくなる。特に朝鮮時代になると王朝の崇儒抑仏政策のもとで仏教の勢いはなくなっていく。十六世紀末には豊臣秀吉の朝鮮侵攻に対して、義僧を率いて戦った西山大師休静のような人物が出て、仏教は再び盛り上がるが、新羅、高麗の往時のような勢いはなくなったのである。ただ僧侶養成機関である講院では、カリキュラムの最高段階として『華厳経』が学ばれた。その際に依拠するのは澄観の『華厳経疏』であり、『華厳経』自体も八〇巻『華厳経』を重視する。

二十世紀に入り、日韓併合の時代を迎えると仏教界は新たな動きを見せる。それまでの抑圧がなくなり、日本仏教を模範とした近代化の動きを開始する。その過程で新羅仏教を再発見する。近代の日本では各種の大蔵経や章疏類が刊行されるが、その中には、元暁の『華厳経疏』逸文など、朝鮮半島では失われた文献が多く含まれていた。日本に留学した朝鮮の僧侶がそれらを発見し、新羅仏教を再構成すべく研究が始まった。[21] その中でも元暁は新羅の大聖として浮上し、顕彰会まで作られた。[22]

二　日本華厳への影響

ここでは先学の研究に基づき、新羅華厳と日本華厳との関係について簡単に整理する。なお、これに関連して近年も刊行が継続しているものに福士慈稔『日本仏教各宗の新羅・高麗・李朝　仏教認識に関する研究』（身延山大学東アジア仏教研究室）[23] がある。これは新羅高麗の仏教典籍が日本の各宗派に与えた影響について整理した労作である。

二-一　奈良時代、東大寺を中心とする研究状況

奈良時代から新羅の著作が将来され書写されていたことは写経記録から窺える。この中には華厳も当然含まれているが、義相と元暁では受容のされ方が異なる。主として受容されたのは元暁の思想であり、義相の思想は大きな影響を与えておらず、むしろ批判の対象となった。

東大寺の寿霊『五教章指事』には、数多くの引用があるが、中では元暁の著作を好意的に引用されている。これに対して「有迷者」の学説として批判する内容が、義相の講義録とされる『華厳経問答』に出る三乗極果廻心を説くものである。[24] このことから日本の華厳宗の中では元暁を受容し義相の思想と見られるものを批判する流れがあることがわかる。

二-二　平安時代の仏教への影響

新羅の華厳教学は間接的ではあるが、日本天台宗の開祖・最澄、真言宗の開祖・空海に影響を与えている。最澄と新羅華厳との関係を示すのは『大唐新羅諸宗義匠依憑天台義集』である。これは最澄が自分の教学を論じるために、唐と新羅の学匠の著作から引用したものであるが、この中に元暁の『涅槃宗要』が引用されている。ま

た、最澄との直接の関係はわからないが、現在、延暦寺に所蔵されている延暦十八年（七九九）の書写記録のある『華厳経文義要訣問答』は、新羅の表員の著作である。このことから最澄はおそらく東大寺に所蔵された新羅の仏教典籍を読んでいたと思われる。

真言宗の空海も八一八年に来日した新羅上人に詩を送ったという記録があり、新羅仏教との交流が確認されるが、これがどのような宗派の人物かは不明である。また『釈摩訶衍論』を重視することは、それが新羅撰述文献であるとしたら、その影響を受けたことになる。

華厳宗に目を転じると、寿霊で見た仏果廻心を否定する議論が継承されている。仏果廻心説に関する議論は増春『一乗義私記』に継承され、鎌倉時代の凝然、審乗にまで影響を与えたという。(25)

二-三　鎌倉時代、明恵の華厳と新羅華厳

鎌倉時代に新羅仏教に注目した人物に明恵（一一七三～一二三二）がいる。明恵の時代には、日本と南宋、日本と高麗との交流が行われ、それぞれ宋版の導入、高麗続蔵関係の導入など、新たな典籍が流入していた。(26)

明恵の仏教は華厳と密教が中心である。明恵は中国華厳の典籍は、杜順から宗密までほぼ全体的に目を通しているが、中でも『円覚経』、『華厳経』「十無尽蔵品」、「如来出現品」を重要視したという。(27)新羅仏教との関係では、代表的なものとして義相と元暁の入唐の模様を描いた『華厳絵巻』（華厳宗祖師絵伝）がある。これに関連して義相を外護した善妙の像を作っている。その他、新羅・高麗仏教の典籍の引用からみると、『金師子章光顕鈔』、『摧邪輪』、『摧邪輪荘厳記』、『解脱文義』、『光明真言加持土砂義』などに、元暁の『十門和諍論』、『遊心安楽道』、表員の『華厳経文義要訣問答』、義寂の『無量寿経述記』、玄一『無量寿経疏』、法位『無量寿経疏』、憬興『無量寿経連義述文賛』、見登の『香象大師真影銘』、知訥の『華厳論節要』などが引用されている。(28)中でも『解脱門義』（華厳修禅観照入解脱門義）では、義相の『一乗法界図』に言及する。これは実践的な性格をもった明恵が、『法界図』の図印に霊感を感じたのかもしれない。

二-四　金沢文庫収蔵の声明譜付き『法界図』写本

鎌倉時代の名刹・称名寺の典籍を収蔵する神奈川県立金沢文庫には新羅高麗仏教に関する文献が数多く収録されている。今年二〇一七年は、元暁誕生から一四〇〇年記念ということで、韓国の東国大学校仏教学術院と金沢文庫との共催でシンポジウムと企画展が開催された。(29)この中、発表者が扱った『法界図』に関する情報を紹介したい。

金沢文庫に収録される『法界図』関係写本は大きく二つに分けられる。一つは『法界図』そのものであり二本存在する。これらは『法界図』のテキスト校訂の参考となる。もう一つは『法界図』の七言三〇句に声明譜が付いた写本であり五本が確認される。すなわち、鎌倉から室町時代にかけて、新羅成立の『法界図』が日本の寺院の中で歌われていたことを意味する。これが称名寺で始められたのか、他所でも行われていたかは不明であるが、新羅で成立した『法界図』を日本でも歌っていたことは興味深い。ちなみに『法界図』の七言三十句は韓国でも「法性偈」という名で伝統的に読誦されている。『法界図』が日韓両国で儀礼に用いられていたことは、

両国の仏教をつなぐものとしても意義深い。発表者は、これが称名寺第二世の住持を務め、声明にも明るかった明忍房剱阿（一二六一～一三三八）が深く関係しているものと考えているが、詳細は今後の課題である。

おわりに

以上、新羅仏教の概要と日本華厳への影響と題して報告を行った。中でも、報告者が研究してきた義相系の華厳思想を中心に話をした。簡単に整理すると次のようになる。

新羅の華厳思想には義相の系統と元暁の系統とがある。義相の系統とは、おそらく宗派に近いものと考えられるが、元暁のほうは系統という感じではなく教学のスタイルという感じである。義相の華厳教学は、『華厳経』専一で、自分が華厳を体得するというような実践的なものであった。一方、元暁の系統は、一つの経論に偏らない総合的な仏教を標榜していた。高麗時代までも、この二つの系統は存続し、義相系は十世紀の均如、元暁系は十一世紀の義天が流れを引いていた。朝鮮時代になると看話禅が中心となり、新羅の華厳とは遠くなるが、澄観の思想をもとにした華厳思想の僧侶教育の最高段階として現在でも学ばれている。

日本への影響では、義相系と元暁系では、奈良時代、平安時代までは、基本的に元暁系が中心的に摂取され、義相系は批判の対象となっていた。しかし鎌倉時代になり明恵が出ると、義相も着目するようになった。その他、称名寺では『法界図』が儀礼で読誦されるようになっていた。

（さとう　あつし・専修大学特任教授）

参考図表：東アジア華厳関係人物

	中国	新羅、高麗	日本
六〇〇 唐	杜順 智儼 法蔵	三国 統一新羅 義相 元暁	
七〇〇	慧苑 澄観	表訓、道身 智通　太賢 神琳　表員 法融	奈良 ★東大寺創建 審祥 寿霊
八〇〇	宗密	真秀	平安 最澄、空海
九〇〇 五代 北宋	延寿	高麗 均如	増春
一〇〇〇	道亭、浄源	義天	
一一〇〇 南宋	観復、師会		
一二〇〇		知訥	鎌倉 明恵
元 一三〇〇			凝然 審乗 湛睿、剱阿

＊この図表は本文の理解を助けるために、主な登場人物を年表の中に配置したものです。

註

（1）義相の表記、中でも二文字目の「相」字については、伝統的には「湘」字（義湘）が用いられてきたが、近年、韓国では義相と表記するのが一般的になってきている。資料的には、高僧伝類である『三国遺事』、『宋高僧伝』などは「義湘」であるが、弟子系統の書物、たとえば『法界図』の注釈などでは「義相」となっている。また中には「義想」という表記もある。こうした字の混乱について、金知見氏は、本来は「義相」が正しく、「義湘」は宣徳王（在位七八〇～七八五）の諱（良相）の「相」字を避けて作られたものであるという見解を出した（金知見「義相の法諱考」『暁城趙明基博士追慕佛教史学論集』一九八八年）。この見解が韓国で支持を得ているかどうかはわからないが、現在では「義相」と表記するのが一般的になっている。

（2）新羅華厳についての研究史には、日本を中心としたものには、佐藤厚、チョ・ユンホ「日本における韓国華厳学研究」（韓国留学生印度学仏教学会『韓国仏教学ＳＥＭＩＮＡＲ』八、二〇〇一年：身延山大学東アジア仏教研究室のサイトでダウンロード可能）があり、韓国を中心としたものには、鄭炳三「華厳思想」（崔炳憲ほか『韓国仏教史研究入門・上』、知識産業社、二〇一三年）がある。

（3）石井公成『華厳思想の研究』（春秋社、一九九六年）第三章、第五節「『華厳経問答』の諸問題」。また、金相鉉氏は「『錐穴記』とその異本『華厳経問答』」（『韓国学報』収載）の中で、断片的に残っている智通の『錐穴記』が『華厳経問答』に該当部分を見つけることができることから、智通の著作が『華厳経問答』の異本であることを述べている。

（4）『華厳経問答』の研究は近年、韓国で進められている。論文集として金剛大学校仏教文化研究所編『華厳経問答をめぐる諸問題』（図書出版ＣＩＲ、二〇一二年）、金相鉉『校勘翻訳：華厳経問答』（図書出版ＣＩＲ、二〇一三年）

（5）十句は次の通りである。①不思議以成陀羅尼顕地法、②随文取義有五種過、③教義二大有五重、④因果相形現義無尽、⑤廻文別属以現義融、⑥寄因陀羅彰義辺際、⑦総三三転現際無窮、⑧無生仏法寄位升沈、⑨微細相容以明極勝、⑩隔越科文成義自在

（6）木村清孝「十句章円通記について―韓国華厳思想の発展に関する一考察―」（『華厳学研究』創刊号所収、一九八七年）がある。

（7）佐藤厚「「大記」の五重海印説について」（日本印度学仏教学会『印度学仏教学研究』八八、一九九六年）、同「義湘系華厳文献に見える論理―重層的教理解釈」（韓国留学生印度学仏教学会『韓国仏教学SEMI-NAR』七、一九九八年）

（8）法蔵『五教章』冒頭にも「今将開釈如来海印三昧一乗教義略作十門」（大正蔵四五・四七七上）とある。

（9）真記『法界図記叢髄録』巻上之一（大正蔵四五・七二一下）

（10）法記『法界図記叢髄録』巻上之一（大正蔵四五・七三八上）

（11）佐藤厚「朝鮮華厳における実践の一考察―高麗均如の尽不尽観」（東洋大学東洋学研究所『東洋学研究』四二、二〇〇五年）

（12）均如『釈華厳教分記円通抄』巻八（韓仏全四・四六三上）

（13）石井公成『華厳思想の研究』（春秋社、一九九六年）第三章「新羅の華厳思想」二八三頁

（14）石井公成『華厳思想の研究』（春秋社、一九九六年）第五章「新羅華厳思想展開の一側面―『釈摩訶衍論』の成立事情」。三六一～四〇四頁。発表者も、この問題について、義相系で引用される一つの文句が、『釈摩訶衍論』に引用される架空経典と同じものであることを根拠に、『釈摩訶衍論』の成立と新羅華厳との関係を論じたことがある。佐藤厚「新羅華厳と『釈摩訶衍論』―引用文献の一致に着目して」（東洋大学東洋学研究所『東洋学研究』四四、二〇〇七年）

（15）佐藤厚「『健拏標訶一乗修行者秘密義記』の基礎的考察」（東洋大学東洋学研究所『東洋学研究』三九、二〇〇二年）、同「韓国仏教における華厳教学と密教との融合―『健拏標訶一乗修行者秘密義記』小考」（日本印度学仏教学会『印度学仏教学研究』一〇二、二〇〇三年）、同「『宗鏡録』巻二十八所引『雑華厳経一乗修行者秘密義記』について―房山石経刻経『健拏標訶一乗修行者秘密義記』との対照研究」（東洋大学東洋学研究所『東洋学研究』四一、二〇〇四年）、同『健拏標訶一乗修行者秘密義記』における義湘『一乗法界図』の依用」（日本印度学仏教学会『印度学仏教学研究』一〇四、二〇〇四年）

（16）最近の論文には、中西俊英「唐代華厳教学の『起信論』化―法蔵・慧苑を中心として」（印度学仏教学会発表資料、二〇一六年）がある。

（17）著者不詳『華厳宗五教十宗大意略抄』（大正蔵七二・二〇〇中）

（18）吉津宜英『華厳一乗思想の研究』（大東出版社、一九九一年）第六章、第四節「太賢疏と元暁法蔵融合形態」

（19）崔鉛植「新羅見登の活動について」（『印度学仏教学研究』一〇〇、二

〇〇二年)、同「『大乗起信論同異略集』の著者について」(『駒澤短期大学仏教論集』七、二〇〇一年)

(20) 崔柄憲「高麗時代華厳学の変遷―均如派と義天派の対立を中心として―」(『韓国史研究』三〇、一九八〇年)、同「義天が均如を批判した理由―大覚国師文集巻一六示新参学徒緇条の分析―」(大韓伝統仏教研究院『第十回国際仏教学術会議資料集　亜細亜仏教における華厳の位相』、一九九一年)。また義天と元暁との関係を示唆したものに吉津宜英・柴崎照和「廓心『円宗文類集解』巻中について」(『駒沢大学仏教学部研究紀要』五二、一九九四年)がある。

(21) 一九二〇年代、朝鮮では朝鮮仏教会(会長：李能和)という団体が中心となり、朝鮮撰述文献だけを集成した「朝鮮仏教総書」という叢書の刊行を計画していた。日本で典籍の発掘にあたっていたのが、曹洞宗大学(現在の駒澤大学)に留学していた鄭晄震である。佐藤厚「『朝鮮仏教総書』刊行計画について(1)目録の紹介」(東洋大学東洋学研究所『東洋学研究』五二、二〇一五年)、同「『朝鮮仏教総書』刊行計画について(2)計画の経緯」(東洋大学東洋学研究所『東洋学研究』五三、二〇一六年)

(22) 孫知慧「韓国近代における元暁認識と日本の「通仏教論」」(『東アジア文化交渉研究』五号、二〇一二年)

(23) 身延山大学東アジア仏教研究室のサイトでダウンロード可能。現在、第一巻 日本天台宗にみられる海東仏教認識、第二巻上 日本三論宗・法相宗にみられる海東仏教認識―三論宗の部―、第二巻下 日本三論宗・法相宗にみられる海東仏教認識―法相宗の部―、第三巻 日本華厳宗にみられる海東仏教認識、が刊行されている。

(24) 石井公成『華厳思想の研究』(春秋社、一九九六年)第三章「新羅の華厳思想」二七六〜二七九頁、第六章「日本の初期華厳教学―寿霊『華厳経指事』の成立事情―」「六、華厳至上主義者への批判」四二四〜四三六頁

(25) 金天鶴『平安期華厳思想の研究：東アジア華厳思想の視座より』(山喜房、二〇一五年)第四章「平安期華厳思想の展開」

(26) 横内裕人「日麗交流史における仏教」(『東国大学校秋季国際学術大会資料集：韓国仏教文献の定本化と拡張性』、二〇一七年)

(27) 柴崎照和「明恵における修学と華厳教学」(『密教文化』一九七、一九九七年)

(28) 柴崎照和「明恵と新羅・高麗仏教」(『印仏研』四五-一、一九九六年)

(29) 「アンニョンハセヨ!元暁法師―日本がみつめた新羅・高麗仏教―」会期：二〇一七年六月二十三日(金)〜八月二十日(日)

参考文献(＊は韓国語)

●単行本

石井公成『華厳思想の研究』(春秋社、一九九六年)

石井公成ほか『漢字文化圏への広がり』(『新アジア仏教史一〇　朝鮮半島・ベトナム』、佼成出版社、二〇一〇年)

神奈川県立金沢文庫『アンニョンハセヨ!元暁法師―日本がみつめた新羅・高麗仏教―』(神奈川県立金沢文庫、二〇一六年)

金天鶴『平安期華厳思想の研究：東アジア華厳思想の視座より』(山喜房佛書林、二〇一五年)

●論文

木村清孝「十句章円通記について―韓国華厳思想の発展に関する一考察―」(『華厳学研究』創刊号所収、一九八七年)

金知見「義相の法諱考」(『暁城趙明基博士追慕佛教史学論集』、一九八八年)＊

金相鉉『校勘翻訳：華厳経問答』(図書出版CIR、二〇一三年)＊

金剛大学校仏教文化研究所編『華厳経問答をめぐる諸問題』(図書出版CIR、二〇一二年)＊

佐藤厚、チョ・ユンホ「日本における韓国華厳学研究」(韓国留学生印度学仏教学会『韓国仏教学SEMINAR』八

佐藤厚「「大記」の五重海印説について」(日本印度学仏教学会『印度学仏教学研究』八八、一九九六年)

佐藤厚「義湘系華厳文献に見える論理―重層的教理解釈」(韓国留学生印度学仏教学会『韓国仏教学SEMINAR』七、一九九八年)

佐藤厚「『健拏標訶一乗修行者秘密義記』の基礎的考察」(東洋大学東洋学研究所『東洋学研究』三九、二〇〇二年)

佐藤厚「韓国仏教における華厳教学と密教との融合―『健拏標訶一乗修行者秘密義記』小考」(日本印度学仏教学会『印度学仏教学研究』一〇二、二〇〇三年)

佐藤厚「『宗鏡録』巻二十八所引『雑華厳経一乗修行者秘密義記』について

—房山石経刻経『健拏標訶一乗修行者秘密義記』との対照研究」（東洋大学東洋学研究所『東洋学研究』四一、二〇〇四年）
佐藤厚「『健拏標訶一乗修行者秘密義記』における義湘『一乗法界図』の依用」（日本印度学仏教学会『印度学仏教学研究』一〇四、二〇〇四年）
佐藤厚「朝鮮華厳における実践の一考察—高麗均如の尽不尽観」（東洋大学東洋学研究所『東洋学研究』四二、二〇〇五年）
崔柄憲「高麗時代華厳学の変遷—均如派と義天派の対立を中心として—」（『韓国史研究』三〇、一九八〇年）＊
崔柄憲「義天が均如を批判した理由—大覚国師文集巻16示新参学徒緇衆の分析—」（大韓伝統仏教研究院『第十回国際仏教学術会議資料集　亜細亜仏教における華厳の位相』、一九九一年）＊
崔鈆植「新羅見登の活動について」（『印度学仏教学研究』一〇〇、二〇〇二年）
崔鈆植「『大乗起信論同異略集』の著者について」（『駒澤短期大学仏教論集』七、二〇〇一年）
崔鈆植「日本の古代華厳と新羅仏教—奈良・平安時代の華厳文献に反映した新羅仏教学—」（『南都仏教』九九、二〇一四年）
柴崎照和「明恵における修学と華厳教学」（『密教文化』一九七、一九九七年）
孫知慧「韓国近代における元暁認識と日本の「通仏教論」」（『東アジア文化交渉研究』五号、二〇一二年）
鄭炳三「華厳思想」（崔炳憲ほか『韓国仏教史研究入門・上』（知識産業社、二〇一三年）＊
中西俊英「唐代華厳教学の『起信論』化—法蔵・慧苑を中心として」（印度学仏教学会発表資料、二〇一六年）
福士慈稔『日本仏教各宗の新羅・高麗・李朝　仏教認識に関する研究』（身延山大学東アジア仏教研究室）
吉津宜英・柴崎照和「廓心『円宗文類集解』巻中について」（『駒沢大学仏教学部研究紀要』五二、一九九四年）
横内裕人「日麗交流史における仏教」（『東国大学校秋季国際学術大会資料集：韓国仏教文献の定本化と拡張性』、二〇一七年）

奈良朝貴族と新羅仏教

山本幸男

はじめに

奈良時代は日本仏教の揺籃期にあたる。仏教は王権に庇護されて、鎮護国家の仏教あるいは国家仏教と位置づけられ、膨大な富が数々の寺院建立や仏像の造立、大規模な写経事業などに投ぜられ、国家の安寧がはかられたが、一方で個の魂の救済という仏教本来の目的も追求されていた。その代表例が、聖武天皇による蓮華蔵世界への希求である。聖武は没後、この蓮華蔵世界へ、后の光明は阿弥陀浄土へ、それぞれ往生したと見なされているが、[1]こうした最高権力者の信仰は、天皇に忠誠を誓う貴族・官人らに大きな影響を与えていた。

鑑真（六八八～七六三）の高弟の思託が著わした『延暦僧録』には三〇の居士伝が収められ、そのうちの一二の伝が逸文として残っているが、[2]それらを見ると貴族らが「勤王奉仏」のもと、仏教を信仰しつつ王権に仕える姿が浮かび上がってくる（後述）。こうした信仰は唐仏教の影響下に展開するものと見られるが、その唐仏教の完成・成熟した宗派と評される華厳宗の教学には、当時の新羅仏教を代表する元暁（六一七～六八六）の教説が反映されていた。[3]従って、仏教研究の成果の受け入れに熱心であった日本にもその影響が及んでいたわけで、貴族の信仰もそれとは無縁ではなかったと思われる。[4]

本稿の課題は、奈良朝貴族の仏教信仰（居士仏教）の中に、右の新羅仏教がどのような位置を占めていたのかを考察することにあるが、以下ではまず、『延暦僧録』の居士伝より彼らの仏教信仰の様相を概観しておきたい。

一　『延暦僧録』に見る信仰の様相

表1は、『延暦僧録』の居士伝（いずれも逸文）の記事を比較分類したものである。ここには、菩薩伝に収められるものの、官人として活躍した文室真人浄三の伝も加えている。表には、記事内容に

表1 『延暦僧録』居士伝（逸文）の比較分類

A仏教的作善 B社会的作善 C修行内容
D師 E公務 F著作物 G願生浄土

居士	分類	記事
(1)政事居士 藤原朝臣不比等 （六五九～七二〇） 右大臣・正二位	C・A	兼恭敬三宝、度奉四依、繕写龍宮、翹誠石室、興建仏事、誰可卒陳、
	E・B	居士事父能尽其忠、々孝居懐家国何爽、勤王奉仏真俗無違、恤寡哀孤事同赤子、治国一年風不鳴篠、雨不破塊、治国二年耕者譲畔、行者譲路、治国三年路不捨遺、治国四年謳歌満路、治国五年変戎衣而為礼衣、治国六年廻賊臣而為孝子、遂得君王下顧黔黎戴仰、
(2)感神功臣大夫居士 藤原朝臣良継 （七一六～七七七） 内大臣・従二位	A	大夫供敬三宝欽若保慕二金、事同泣血、即於住宅造興法寺造講堂七間、仏殿一宇。仏像一鋪、請於殿中、鋳鍾一口写経一蔵、造四天王像四軀、度僧十人、
	C	安居講説、晨夕礼念、以報先恩、
	B	安倍〔称徳〕天皇神護年任大宰帥、矜貧養老、恤寡哀孤、願天仏加持、神祇佐助、
	E	大夫助国興邦、列功臣位、勤王奉国、奇事寔多、不能繁叙、
(3)東大寺居士 佐伯宿禰今毛人 （七一九～七九〇） 大宰帥・正三位	B・A	所得官禄、二分写経、先報国恩後霑品類、未及自身六親知故、尽諸生品、同沾勝福、
	C	常持斎戒、天皇名為東大居士、 近事日別誦金剛経一巻、礼仏散花、意然始入朝、又常持僧伽梨衣、
	E	毎年受天皇御命毫釐不差、即以平山鋳浮撞王刹香水海中世界種蓮華蔵世界盧舎那仏、拠于葉上、 又造岑楼、高十五丈、周廊九間、闍羅鳳塔、仏廟、講堂、厨坊、食屋、戒院、官坊、引渠穿沼、兼鋳鐘一口、身圓八丈、躰万鈞、飯僧万口、受勅撿挍、次申慶讃於是洪鍾叩清梵揚、荘厳塔於千種、龍象階乎十地、幡揺廻刹、若瞻霊鷲之山、方等再披、似発海龍之蔵、近事於神護年安倍〔称徳〕天皇御命造西大寺、塔殿門楼、知足天宮、事々周悉不能繁叙、延暦年勅造長岡京別当、夙夜翹励、務在勤王、迂市邑都、深契天慮、 後勅任大宰帥、朱輪始懸、境絶飛塵、教命所霑、遐迩帰化、
(4)守真居士 藤原朝臣魚名 （七二一～七八三） 大宰帥・正二位	C・A	於奈羅東山河内山寺常行印仏以為恒務、又於奈羅城西山造万葉寺、又於額田寺年例安居行道、
	E	宝亀十年、東夷起盗、佐伯将軍失守、挙朝懐怖、守真奏於東大寺仏頂行道攘災、限三七日、至入三七、東夷逼伏、飛駅送降賊八十六人、自此已来東夷寧恬、守真始履朝廷、久擅美譽、至官登二位、倶履平時、 居士敬信三宝奉仏勤王、真俗兼用、
(5)淡海居士 淡海真人三船 （七二二～七八五） 刑部卿・従四位下	C・A	童年厭俗、折尚玄門（明）、 勝宝年、有勅令還俗、姓（賜）真人、起（赴）唐学生、因患（疾）制亭、雖処居宛（家）、不着三界、示有眷属、常修梵行、求会真際、故挙（奉）大（太）微之円覚、 於政事暇、礼仏読経、毎於節会、花香奉仏、
	D	於天平年、伏膺唐道璿大徳為息置（悪）、探聞（閲）三蔵、披検九経、真俗兼縁（該）、名言両泯、 後真和上来、上詩云、五言（中略）便伏斉為斉戒弟子、既蒙賜、
	E	順時俗、故奉法賓至（王）、
	F	兼述真和上東征伝一巻、喩揚威用先後、又注起信論、藻鉤□門、東大寺唐学生僧円覚、将注論、至唐、ゝゝ霊越龍興寺僧祐覚、見論、手不択巻、因廻使、有讃待曰五言（中略）居士又作北山賦、主長安、大理詳事丘丹見賦、再三嘆仰、曹子建之久事風雲、失色不奇。日本亦有曹植耶、自還使、便書兼詩曰五言（下略）
	G	無量寿国者、風生珠、禁聡苦空、水激全流、波挨常示、居士、摂心念誦、願生安楽云々、
(6)東大寺長官居士 藤原朝臣継縄 （七二七～七九六） 右大臣・正二位	A	三宝梁棟、
	E	賢王耳目、聖帝股肱、五爵規模、 清廉奉国、約倹理民、忠孝居懐、挙朝推計、播雄名於千載、流美誉於万年、
(7)芸亭居士 石上朝臣宅嗣 （七二九～七八一） 大納言・正三位	G・B・A	以宝字年勅大唐大使、雲海万里、波濤億重、欲達王命、帰心妙覚、捨住宅為玄寺、造阿閦仏像一鋪、東西挟竪二幡竿、捨荘田入僧、放婢奴出賤、
	C	単持一鉢、手貫三衣、仰四真諦帰心三宝、風色不便、却還本朝於寺東南造芸亭院、堅山穿沼、植竹栽花、橋渡生死之河、船

		済投於彼崖、芸亭西南称於禅門、心遊八定、芸亭東北建方丈室、唯留一床、斎心六時、存念三宝、毎有講肆必至詳喰、於論弁場諮詢勝義、
	E	崇真簡偽、奉仏賓王、
	F	兼有三蔵讃頌、付往大唐、々内道場大徳飛錫等禅侶咸共嘆、訝毗離耶有長者子、日本国亦有維摩詰、飛錫、述念仏五更讃一巻付来使、飾詞雅麗、人皆戴欽、再披再覧、令人発心、近士名播西唐、光揚日本、云々、文
(8)真木尾居士 藤原朝臣種継 （七三七〜七八五） 中納言・正三位	A	年三月六日施仏及僧、六種供養、三輪清浄、今請像於唐律招提薬師院造八角堂中、春秋二時、散花三日、礼懺以申報恩、
	G・D・C	居士以天平年遊河内国真木尾山寺、偶捨等禅師誦新華厳経一部、便論菩薩行門、菩薩摩訶薩供養諸仏、行檀波羅密、内財外財、二倶捨施、摂取菩薩広大資粮、近士師此行門、願行檀度、剝手皮奉画薬師浄土変一鋪、報恩供養、兼受八斎、蔬喰潔志、
	E	後長岡〔桓武〕天皇御寓差造京別当、真諦俗諦本不相離、王輪仏輪互相影響、主上君臣義重、焦水為心、夙夜勤劬、得深委寄、譜拝不名、入朝不趍、剣履於殿、雖蒙栄寵、無遺本心、
(9)班爵居士 大中臣朝臣諸魚 （七四三〜七九七） 参議・従四位上	E・A	帝王心手得深委寄、勅授式部大輔、秦優列爵、漢重茂才、随位分官、量才授職、上下無怨、挙朝推許、即大夫之能事也、大夫外以勤王、内存護法、寮宷頼之流恩、玄門荷之沾涙、云々、文
(10)瀧淵居士 石川朝臣恒〔垣〕守 （?〜七八六） 宮内卿・正四位上	C	堅持六斎断五辛菜、晨昏之暇、念仏尋真、言質語朴、慈悲仁譲、言無再諾、事必三思、遠近承風、市朝有誉、政事之暇欽尚真如、掃除生死之雲、願観清涼之月矣、
	D	由謁大唐道璿大徳発菩提心、為菩薩戒弟子、
	E	皇帝差為長岡京別当、夙夜忘疲勤王、在務造宮、彫軒五色、彩紫天衣、外之紀楼、狭両廂共三臺而出没、
(11)居士加古 穂積朝臣賀祜 （?〜七八四〜?） 散位頭・従五位下	D・C	然於往日曾省玄賓、便叙出世之良因、帰釈迦至理、住於一時、有人遇沙門得受八戒、一日一夜清浄持之、大梵天王来讃曰、汝不可思議得功徳、与我無異、
		仏即喚梵王呵之、梵王汝不合作是説、応向彼受八戒者言、汝得功徳如羅漢等無有異、居士聞此説已、即持月六斎、聴花厳経、持誦為務、慈愍衆生、謙卑之行、不着色衣、墨染布衫而服用之、願出三界、
	B	兼修破橋道、恒以為業、
	E	居士躰業清勤、令名遐着、学深北海、挙重南金、揚懿徳於聖朝、闡芳猷於索里、棟梁家国、亀鏡仁倫、
(12)沙門釈浄三菩薩 文室真人浄三 （六九三〜七七〇） 大納言・従二位	E	輔翼契同魚水、具申舟楫、雅合塩梅、官学之間声逸耳、弁冕之伍望以指南、帝宅頼其枢機、仏法資其弘護、
	G・C・A	政事之暇、存心三宝、翹誠奈苑、忻尚祇薗、公事之余、参給侶以年、又於所居仏堂側花香供養、於是香烟飄迴、天花落蘂、音声供仏、佳膳施僧、并印仏作無垢浄光塔及七倶胝塔、雖復三災互起蓮座常安、千世界倶空、宝瓶恒満、以此椅心、願生西方無勝浄土、法身住処、釈迦文仏所都、経説、此堪忍向西過三十二恒河沙三千界外、別有釈迦法身住処名無勝浄土、或名曰厳浄土、文
	E・D	預勅参玄、配東大寺、朝命任大鎮、兼法華寺大鎮、浄土院別当、大内施先上、解歇九間屋、入唐寺為講堂、口勅合別当、因茲伏膺大和上鑑真為菩薩戒弟子、
	F	後於大神寺講六門陀羅尼経并東大寺立十二分教義、誓其来間、若春日以銷氷、却彼所疑、猶秋風之掃葉、勅授伝灯大法師位、又造顕三界章一巻、仏法伝通日本記一巻、昔秦什云公之八俊魯孔君之四科雖世号英霊、豈若探釈迦文奥旨、六門甘露作慈氏之道前、十二飭餬、擬劫終而救世者、即大鎮之力与、

（註）

・出典は、(1)・(6)は『東大寺要録』（筒井英俊校訂、再版、図書刊行会、一九七一年）、(2)・(3)・(4)・(7)〜(12)は『日本高僧伝要文抄』第三（新訂増補・国史大系、吉川弘文館）、(5)は後藤昭雄「『延暦僧録』「淡海居士伝」佚文」（同『平安時代漢文文献の研究』、吉川弘文館、一九九三年）による、各本文の表記にあたっては、蔵中しのぶ『『延暦僧録』注釈』（大東文化大学東洋研究所、二〇〇八年）を適宜参照している。

・「居士」の項には、各自の動向把握のために、生没年及び極官極位を示しておいた。

即して、A仏教的作善、B社会的作善、C修行、D師、E公務、F著作物、G願生浄土の分類記号をそれぞれに付しておいた。これらを通覧して知られるところをあげると次の五点になる。

まず第一に、功徳を積むためになされるA・Bの作善には、経済力のある貴族ならではのものが並ぶことである。具体的に見ると、Aでは造寺（⑵⑷⑺）、造仏（⑵⑷⑺⑻⑿）、写経（⑵⑶）、供養（⑸⑻⑿）、Bでは弱者救済（⑴⑵⑶）、放賤従良（⑺）、道橋修理（⑾）となる。このうち、写経については貴族ならずともなすところであるが、⑵藤原朝臣良継の場合は「写二経一蔵一」、⑶佐伯宿禰今毛人は「所レ得官禄、二分写レ経」とあり規模が異なっている。

第二の点は、在家としての仏道修行（C）のあり方を模索し実践していることである。これも具体例をあげると、最も多いのが礼仏読経（⑵⑶⑸⑺⑽⑾⑿）で、次いで斎戒（六斎・八斎戒）（⑶⑻⑽⑾）、僧衣（⑶⑺⑾）、安居（⑵⑷）、四依（⑴）、梵行（⑸）、禅定（⑺）となる。これより、「於二政事暇一、礼レ仏読レ経」（⑸）という礼仏読経が基本的な修行のようであり、政務の合間になされるところに在家の立場が反映されている。六斎は、毎月八・一四・一五・二三・三〇日に戒を守って行ないを慎むことで、八斎戒は六斎日に守る戒にあたるが、これも在家の基本的な修行法ということになる。これに対して、「僧伽梨衣」（⑶）「三衣」（⑺）「墨染布衫」（⑾）などの僧衣、「年例安居行動」（⑷）のような安居は出家者に付帯するものであり、法と行の四依への依拠、戒律を守って禁欲生活を送る梵行、「禅門」を構え「方丈室」を建てて（⑺）修する禅定も、在家の枠を超えた実践といえるだろう。しかし、それが伝に認められるということは、彼らが出家者との繋がりを持っていたことを意味する。これが第三の点である。

師として記された人物（D）をあげると、童年に出家をしていた⑸淡海真人三船が師事し、⑽石川朝臣垣守が「菩薩戒弟子」となった唐僧の道璿（七〇二～七六〇）、⑸三船が「斎戒弟子」、⑿文室真人浄三が「菩薩戒弟子」となった鑑真、⑻藤原朝臣種継が師事した捨等禅師らがいるが、⑾穂積朝臣賀祜が沙門から教を受けたと伝えられるように、他の人々にも修行を進める上での導きの師がいたものと思われる。こうした出家者との繋がりは、彼らの止住する寺院との関係をともなうことになる。伝から知られるところをあげると、⑵藤原良継―興法寺（住宅に造営）、⑶佐伯今毛人―東大寺・西大寺、⑷藤原朝臣魚名―河内山寺・万葉寺（造営）・額田寺・東大寺、⑸淡海三船―大安寺（道璿）[5]・唐招提寺（鑑真）[6]、⑹藤原朝臣継縄―東大寺、⑺石上朝臣宅嗣―玄寺（住宅を捨す）、⑻藤原種継―真木尾山寺・唐招提寺、⑽石川垣守―大安寺（道璿）、⑿文室浄三―東大寺・法華寺・唐招提寺・大神寺となる。この他、「仏足石記」を作った⑿浄三は、その手本とした「仏跡図」を安置する元興寺禅院[7]と、「唐大和上東征伝」の末尾に鑑真追悼詩が載せられる⑺宅嗣[8]は唐招提寺と、それぞれ関係を持っていたと見られる。⑿浄三の伝の中に「政事之暇、存二心三宝一、翹二誠奈苑一、忻二尚祇薗一、公事之余、参二給侶一以レ年」とあるように、彼ら貴族は公務の合間に縁由の寺院に赴き、師や寺僧らとの交流を重ねながら在家としての信仰のあり方を問い、さらには出家者と変わらぬ修行への取り組みも進めていたのであろう。

その彼らが避けることのできない公務（E）が、仏教信仰と表裏の関係にあったこと、これが第四の点である。伝の中に見える「勤王奉仏」（1）「勤王奉国」（2）「夙夜翹励、務在二勤王一」（3）「奉レ仏勤レ王」（4）「奉レ法賓レ至(王)」（5）「清廉奉レ国」（6）「奉レ仏賓レ王」（7）「王輪仏輪互相影響主上君臣義重」（8）「外以勤レ王、内存二護法一」（9）「夙夜忘レ疲勤レ王」（10）、「棟二梁家国、亀二鏡仁倫一」（11）「帝宅頼二其枢機一、仏法資二其弘護一」（12）といった記述がそれにあたる。表に掲出したすべての伝に認められるので、これは著者思託の潤色といえなくもないが、当時の王権の仏教尊重策を念頭にすれば、個のための仏教信仰は、彼らが仕える天皇及び国家の安寧に貢献しうるとの共通認識があったからだと思われる。従って、公務を怠らない限り、修行内容を出家者並に引き上げることは勤王の極みとなるわけである。

　こうした出家者と変わらぬ修行を実践する人物の中で、F著作物、G願生浄土において突出するのが⑸淡海三船・⑺石上宅嗣・⑿文室浄三である。これが第五の点になる。⑸三船の場合、その著作が東大寺僧によって唐にもたらされると、『大乗起信論』の注釈を見た霊越龍興寺僧祐覚は廻使に讃詩を託したといい、遣唐使に付された⑺宅嗣の「三蔵讃頌」も高い評価を受け、内道場大徳飛錫らは共嘆して「日本国亦有二維摩詰一」と訝ったという。⑿浄三の「顕三界章一巻、仏法伝通日本記一巻」が唐に渡ったとの所伝は残らないが、大神寺で『六門陀羅尼経』を講じ、東大寺に「十二分教義」を立てるように、その深い学殖のなせる業であり、当時の一流の著作であったことはいうまでもないところであろう。要するに、彼らは修行実践だけではなく経論書の読解と理解にも努めていたのであり、その研鑽の積み重ねが右のような著作を生み出していたのである。恐らく、こうした姿勢が修行の成果としての浄土への往生、すなわち三船は阿弥陀浄土、浄三は無勝浄土、一床のみの「方丈室」を建て自らを維摩に擬した宅嗣は阿閦仏の妙喜世界への希求となったのであろう。

　この三人の場合は特別な例と見なせなくもないが、三船と宅嗣は天平宝字より後の「文人之首」と称えられ[9]、浄三は「官学之間声逸レ耳、弁冕之伍望以二指南一」と評されるように、当時を代表する文人・貴族であれば、その影響力には少なからぬものがあったといわねばならない。功徳を積むために作善と礼仏読経に励み、持戒生活を送って政務の合間に寺院に通い、出家者との交流を通して修行内容を高めるとともに経論の理解を深め、めざす浄土への往生を願うというのが、在家としての信仰のあり方であったと思われる。右の三人は、その範となるべき存在であったが、彼らが道璿・鑑真に師事するように、そこには唐仏教の影響が色濃く出ていたといわねばならない。ただ、冒頭で述べたように、この唐仏教には新羅仏教の影響が及んでおり、貴族の仏教信仰もそれとは無縁でなかったと見られる。次節では、この点をめぐって一つの所伝を取り上げ、考察を深めることにしたい。

二　「日本国真人」の回想

『三国史記』巻四六・列伝六[10]の「薛聡伝」には、次のような興味深い記事が載せられている。

　世伝日本国真人贈二新羅使薛判官一詩序云、嘗覧二元暁居士所レ著金剛三時(昧)論一、深恨レ不レ見二其人一、聞新羅国使薛、即是居士之抱孫、雖レ不レ見二其祖一、而喜レ遇二其孫一、乃作レ詩贈レ之、

これは、「日本国真人」が「新羅使薛判官」に贈った詩の序にあたるもので、かつて元暁の著わした『金剛三昧経論』を覧て著者に会えないことを嘆いたが、今ここにいる新羅使の薛が元暁の孫と聞くので、遇に会えたことを喜び詩を作って贈る、と記されている。「伝」によれば、薛聡は九経を読んで好く文を作り神文王（在位六八一～六九二）に仕えた高官であるが、その父は還俗を遂げた元暁であったという。[11] 右の詩序に見える「新羅使薛判官」は、『続日本紀』宝亀十一年（七八〇）正月壬申条の新羅使大判官韓奈摩薩仲業に比定されているので、[12] 仲業は薛聡の男子ということになる。

この新羅使は、薩飡金蘭孫を筆頭に、副使級飡金巖、大判官に右の薩仲業、少判官に奈麻金貞楽を据えるもので、宝亀十年七月に遣新羅使下道朝臣長人、遣唐判官海上真人三狩、唐使判官高鶴林を伴って来日している。[13] しかし、しばらく大宰府に留め置かれたらしく、十月己巳になってようやく新羅使への対応の勅があり、同月十七日（癸丑）に入京の許可が出されている。その後、十一月三日（己巳）に大宰府で来朝の由を問われたあと入京し、翌十一年正月三日（己巳）の朝賀の儀に、新羅使金蘭孫は唐使判官高鶴林とともに列席している。同月五日（辛未）に金蘭孫が方物を献じ国王の言を口奏すると、これに応じる勅が宣され、新羅使と唐使のために朝堂で宴がなされた。翌六日（壬申）には金蘭孫・金巖以下に授位があり、七日（癸酉）には五品已上と新羅・唐両使を朝堂に宴し、十六日（壬午）になると両使のために射と踏歌がなされた。新羅使が帰国するのは二月十五日（庚戌）のことで、この時、国王宛の璽書が託されている。こうした経緯からすれば、薩仲業に詩が贈られたのは宝亀十一年正月五日から二月十五日の間であったことになるだろう。

「日本国真人」の方は、堀池春峰氏によって淡海真人三船ではないかと推定されている。[14] 三船は、この時大学頭で文章博士の地位にあった。[15] 前記のように、「文人之首」と称される三船が、唐使も同席する宴などの場で詩文の遣り取りをしていたことは容易に想像されるところであるが、唐使の高鶴林は私的な集まりにも出向いていたらしく、三船の撰述した『唐大和上東征伝』の末尾に載せられる鑑真の追悼詩の中に、「因レ使二日本一願レ謁二鑑真和尚一、既滅度不レ覯二尊顔一、嗟而述レ懐」と題する五言詩が収められている。[16] これは、高鶴林の来朝を受けて、天平宝字七年（七六三）五月六日に没した[17]鑑真を偲ぶ会のようなものが催された折の作と見られるが、その場には、鑑真の高弟である法進や思託、それに斎戒弟子になっていた淡海三船もいたことであろう。また、『三国史記』巻四三・列伝三の「金庾信伝」下には、金庾信の玄孫にあたる金巖が来日した時に、その才能故に抑留されようとしたが、高鶴林が唐留学経験のある金巖に会えたことを大変喜んでいたので、日本側は留めることなく帰国させたとある。これによれば、高鶴林は金巖に好意を抱いており、ひいてはそれが他の使人にも及んでいたと思われるので、右記の場には新羅使の一行も同席していた可能性が高い。話題が鑑真から仏教全般に渡る中で、「日本国真人」すなわち淡海三船が先の序を付した詩を薩仲業に贈ったと見なしても、あながち不当とはいえないであろう。堀池氏の指稿に従いたい。[18]

問題は、この淡海三船が元暁の『金剛三昧経論』に傾倒していた理由であるが、これには三船の経歴が関係する。前節の表の(5)にあるように、童年に仏門に入った三船は唐僧道璿の息悪（弟子）となり、仏道修行や教理の研究に励んでいたが、勝宝年に勅があって還俗し入唐学生となった。しかし、病のため渡唐は叶わず、その後は在家として王権に仕えながら梵行を修し、鑑真が来朝すると斎戒弟子になっている[19]。三船が師事した道璿は、来朝時に華厳宗章疏をもたらせたと伝えられる華厳の碩学であること[20]、東大寺の華厳宗が必備の経論章疏を書き留めた天平勝宝三年（七五一）五月二十五日付「華厳宗布施法定文案」とそれに付された「章疏目録[21]」の中に、『金剛三昧経』と『金剛三昧経論』が認められることを勘案すると、三船がこの書に接したのは還俗する前の道璿に師事していたころであったと見られる。元暁の経論注釈が、華厳教学を大成した法蔵（六四三〜七一二）に影響を与えていたこともあって[22]、右の「章疏目録」には『華厳経疏』『入楞伽経疏』『不増不減経疏』『起信論疏』など一一部三一巻の元暁の著作が並ぶが、その中で、先の三船の回想は『金剛三昧経論』に感銘を受けたことを伝えている。「深恨レ不レ見二其人一」と述べるのは、元暁の所説の真意を問いたいとの思いを持っていたためで、出家もしくは在家として修行を続ける三船にとって、解決したい課題があったからであろう。

以下では、憶測に及ぶが、こうした三船と『金剛三昧経論』の関係について、考えうるところを述べておくことにしたい[23]。

三　『金剛三昧経』と『金剛三昧経論』

『宗高僧伝』巻四に収載される「元暁伝」には、新羅国王の夫人の病を癒すために海中の龍王から得た『金剛三昧経』が大安聖人を介して元暁に託され疏が造られたこと、この疏は広略二本あったが、略本が中国に入り後に翻経三蔵により論に改められたことなどが記されている[24]。また『三国遺事』巻四・義解の「元暁不羈[25]」には、海龍の誘により詔を承けて路上に三昧経疏を撰したとあり、いずれも神秘性をもって『金剛三昧経』の出現とその造疏の経緯が語られている。こうした特異な出自譚や、本文中に玄奘（六〇二〜六六四）の新訳用語が使われていることなどから、『金剛三昧経』は七世紀中頃に唐か新羅で偽作されたものとされている[26]。もっとも、この経典には大乗の主要な教義が網羅されており、大乗経の入門書のような体裁をとっている。また、智昇（六五八〜七四〇）が開元十八年（七三〇）に撰した『開元釈教録』では、北涼の失訳として入蔵録に拾遺されているので[27]、淡海三船のころは偽経とは見なされていなかったことが知られる。その意味で、『金剛三昧経』は大乗仏教の理解に至便な真経であり、唯一の注釈書である元暁の『金剛三昧経論』は格好の参考書であったことになるだろう。

(一)　『金剛三昧経』の概容

『金剛三昧経』は、①序品、②無相法品、③無生行品、④本覚利品、⑤入実際品、⑥真性空品、⑦如来蔵品、⑧総持品から構成される小部の経典で、現行では一巻となっている。各品の概容を示すと次のようになる。

①序品では、仏が一味真実無相無生決定実際本覚利行と名づける大乗経を説き、金剛三昧に入ると、比丘の阿伽陀は偈を発し、仏の所説によれば、衆生は悉く不実を離れて諸仏の智地に入り解脱しない者はない、と称える。②無相法品では、三昧から起った仏が、一覚の了義解し難く入り難し、ただ仏・菩薩これをよく知る[28]、と述べたあと、解脱菩薩の求めに応じて、一切の心我は本来空寂であり、

一切の心相には本となるものがないこと、有我有心の者には十二因縁を観ぜしめ有見を滅せしむること、こうした空法を修するには六波羅蜜を具すべきであると説く。③無生行品では、心王菩薩との問答の中で、仏は、一切のものは空であり、生滅変化を超えて無生であるとの道理を受け入れること（無生法忍）ができれば、阿耨多羅三藐三菩提を得ること、一切の心行は無相で体寂無生であり、諸識も同じであるとする。

要は、この②③では徹底した空の思想が説かれ、これの体得が解脱のための条件になっている。

④本覚利品では、無住菩薩の問いに対し、仏は、一切の衆生は常に一覚によって諸識を転じ、庵摩羅識（阿摩羅識）に入って本覚を得ることができると説く。[29] 一切の境・識と同じく覚も空にして清浄無色であること、この金剛地にあっては衆生は一念も生じることなく心は安泰となるとする。⑤入実際品では、大力菩薩との問答の中で、仏は、不生心を得るための方法として二入（理入・行入）を示し[30]、衆生を実際（真如）に入らしめるために存三守一（三解脱を持し一心如を守る）して如来禅に入ることを奨励する。そして、このような人は、出家でなくても在家でなくても、法服がなく波羅提木叉戒を具持せず布薩に入らなくても、自心無為にして自恣すれば、聖果を得て菩薩道に入り後に成仏すると説く。[31]

この二品では、解脱するための実践法が取り上げられており、本経の中で最も動的な内容になっている。

⑥真性空品では、舎利弗の問いに対し、仏は、三十七道品（悟りを得るための修行法）は名を異にするものの、皆一義で不一不異であり、これを具して一切の衆生（一闡提も含む）をしてその義を観ぜしめば、仏に見えることができると説き、鈍根の衆生のために実諦に入るための一四句偈を示す。⑦如来蔵品では、梵行長者の問いに対し、仏は、一切の法は一味であって、それは真如すなわち仏道にあるとし、そこで三行を達すれば如来蔵に入り四智を得て成仏すると説く。そして、常法を説いて常法非常法、非説非字、非諦非解脱、非無非境界と述べる。最後の⑧総持品では、地蔵菩薩が衆生のために重ねて仏の所説を請うたあと、阿難の問いに対し、仏は、この経を摂大乗経あるいは金剛三昧あるいは無量義宗と名づけ、この経の受持者は五種の福を得て聖道に入り、衆生のために大福田をなすこと、このような持経者には供養すべきであり、この経によって真実観に入れば浄土に生じ速やかに阿耨多羅三藐三菩提となると説く。[32]

このように、空思想を基調とした『金剛三昧経』には、衆生を解脱に導く方法が具体的に説かれているが、その中で④⑤には、この経典独特の一覚、庵摩羅識、二入、存三守一、非出家非在家などの概念が示されていて注目される。[33]

(二) 元暁の注釈

三巻からなる『金剛三昧経論』では、まず大意・経宗・釈題目が述べられる玄談部分があり、それに続いて科文解釈が始まる。ここでの元暁は、経文の全文を内容に即して適宜区切って引用し、文の構造を示したあと逐次解釈を加えるという手法をとっている。蘊蓄を傾けての注釈には他の追随を許さないものが感じられるが、ここでは元暁が力を注いだと見られる部分を抽出し、本書の特徴を把握することにしたい。以下で取り上げるのは、②無相法品、④本覚利品、⑤入実際品の三品である。

まず、②無相法品では、三昧から起った仏の言葉に見える一覚の了義をめぐって解釈が加えられる。それによると、一覚の了義とは、『楞伽経』『法華論』の文言をもとに一心本覚如来蔵の義であると指摘し、この経でいう一覚とは、一切の諸法を生み出すのは一心（衆生心）であり、一切の衆生には一本覚（仏陀）があることから一覚と名づけられた[34]と述べる。そして、如来の一味の説により、一切の衆生は一心の源に帰し、その時には皆無所得（解脱）になるとする[35]。この心源に帰するには、能所（認識及び認識の対象など）を離れて始覚を生み出す必要があるが、それは本覚を得ることでもある。なぜなら始覚と本覚は同義であり、一覚であるからである。問題は、能所を離れるための手立てであるが、これについて元暁は『大乗起信論』の綱格である一心二門を適用し、一心を心生滅門と心真如門から見て、その本体が空寂で無色であることを知るべきであるとする[36]。また、始覚と本覚が異ならないということは、如来蔵とも異ならない。如来蔵の性は隠蔵不動であって、諸煩悩が如来を隠覆している状態にあるが、一覚を以てすれば一切の衆生は心源に帰し、妄念の不覚がなくなるとする。

④本覚利品では、仏が、諸仏・菩薩が一覚を以て諸識を転じ庵摩羅識に入るように一切の衆生も一覚を以て本覚を得る、と述べたことに対し論を展開する。元暁によれば、一切の情識は八識にあるが、庵摩羅識は第九識にあたるもので、真諦（四九九～五六九）のいう九識の義は本経にもとづく[37]と指摘する。この庵摩羅識はまさに本覚であり、ここに入る時に諸八識は寂滅無生に転じる。この諸情識が寂滅無生であると覚することが始覚であるが、それが本覚と同じであるから心源に帰し諸識が起こらなくなる[38]。その本覚と始覚が異なるところがないので一覚という。この一覚には、煩悩の汚れを離れた清らかな智恵（四智）があり、これを得る時に仏智地に入り一心の源に帰すことになる。つまり、一覚は法身であり、法身は衆生の本覚に相当する[39]。ただし、一切の衆生は客塵におおわれているため、自らに備わる本覚を得ていないと述べる。

このように、④では②で取り上げられた一心本覚如来蔵の義が、第九識を介することでより深まり、衆生そのものが不覚の法身として示されることになる。

⑤入実際品では、実際に入るための方法が示されるが、元暁は、④では心生滅門から一心を見たが、ここでは心真如門から一心を見るとする[40]。この一心は本覚であり如来蔵であるが、それを見るために仏が示した理入と行入をめぐって次のような解釈を施す。すなわち、理入とは、順理信解しているがまだ証行を得ていない段階であり、六行でいえば前の四行（十信・十住・十行・十廻向）になる。これに対して行入は、証理修行して無生行に入り無明の根を抜いているので後の二行（十地・等覚）になるとし、この行入は自利であると同時に衆生をも行に入れしめるものであると評価する[41]。また、凡夫軟心の衆生のために仏が示した存三守一については、三解脱を三慧（聞思修）に擬えて解き、教えを了解し道理を思惟し、それを修して正しい智恵（空観）を得て心真如門から一心を守ることにあるとする[42]。そして、このような人は、仏によれば、出家ではなくても在家でなくても戒を具持せずとも聖果を得られるが、元暁はこの教えをもとに、説戒する人は声聞であり、持戒に恃んで破戒を蔑む人は、まだ諸法が空であることを得ていないと批判し、不持戒は

過失ではないと主張する。[43]

元暁の注釈は多岐にわたり一筋縄でいかないものがあるが、その中で一定のまとまりをもって語られているのが、右記のような一覚をめぐる解釈、すなわち仏のいう一覚は一心・本覚・始覚・如来蔵と同義であるとする点である。そこに通底するのが『大乗起信論』の一心二門の綱格であり、『起信論別記』に始まり『起信論疏』に結実する元暁の『起信論』研究の成果がここに盛り込まれているといえるであろう。[44]

(三) 淡海三船と元暁

淡海三船は、何故にこの『金剛三昧経論』に関心を寄せることになったのか。その一つの理由は、『金剛三昧経』が当時にあっては新出の経典であったからであろう。『金剛三昧経』は、梁代の『出三蔵記集』(僧祐撰)、隋代の『衆経目録』(法経等撰)『歴代三宝録』(費長房撰)『衆経目録』(彦琮撰)、唐代の『衆経目録』(静泰撰)『大唐内典録』(道宣撰)『大周刊定衆経目録』(明佺撰)などの経録では、名を掲げられているもののすべて闕本とされており、『開元釈教録』(智昇撰)に至って拾遺経として収録されている。[45]その意味で新たに見つかった経典であり、日本へは、恐らく天平七年(七三五)に長年の唐留学の成果を携えて帰国した玄昉によってもたらされたのであろう。[46]前記のように、大乗の主要な教義を網羅するこの経典は、新出という話題性もあって道俗の耳目を集め、その注釈書である『金剛三昧経論』への関心も高まったものと思われる。こちらの方も玄昉による将来なのかどうか定かではないが、翌八年に来朝する道璿が華厳宗章疏をもたらせたと伝えられるので、[47]いずれにせよこれ以降、華厳宗に必備の書とされる『金剛三昧経』と『金剛三昧経論』が流布することになったのであろう。三船は道璿に師事するので、比較的早い時期に両書に接していたと見られる。

『金剛三昧経』には、前記のように独特の教えが記されているが、この中で庵摩羅識に本覚があるという点に三船は強い関心を抱いていたと思われる。というのは、三船には『大乗起信論』の注釈書があり、大乗仏教の概説書とされるこの書に早くから親しんでいたからである。『続日本紀』延暦四年(七八五)七月庚戌(十七日)条の卒伝に「性聡敏、渉㆓覧群書㆒、尤好㆓筆札㆒」と評される三船のことであるから、『大乗起信論』の研究に際しては三疏と称される浄影寺慧遠(五二三~五九二)の『大乗起信論義疏』二巻、元暁の『起信論疏』二巻、法蔵の『大乗起信論義記』二巻を読破したであろうが、その中で、法蔵の疏に大きな影響を与えたという元暁の『起信論疏』には心引かれるものがあったはずである。ところが、その元暁が、『金剛三昧経』の本覚利品の注釈において、庵摩羅識を第九識と位置づけて本覚の所在とし、他の八識を妄識と見なしたことは、三船にとって衝撃的なことであったであろう。『大乗起信論』では、第八識の阿黎耶識を如来蔵と同一と見なして真妄の和合識とし、元暁自身も『起信論疏』の中で「如来蔵即阿黎耶識、共七識生、名転滅相、故知㆔転相在㆓阿黎識㆒」[48]と述べているからである。この第九識と第八識の関係は、元暁の中では会通されていたとしても、読者である三船には了解しがたい事柄であった。先の「序文」で「深恨㆑不㆑見㆓其人㆒」と綴る思いの一つに、この問題があったことは確かであろう。

また元暁は、一覚を一心・本覚と同義と解し、この一心を見るために『大乗起信論』の一心二門の綱格を適用するが、そのうちの心真如門から一心を見る手立てとして二入をとらえ、とりわけ行入を重視している。一方、『起信論疏』では、修行信心分の止観を修するにあたり「依二真如門一修二止行一　依二生滅門一而起二観行一、止観双運、万行斯備」(49)と述べ、二門の双運で万行は一心に総摂されると説いている。つまり、ここでは一切の行は二門からなされるとするのに対し、『金剛三昧経論』では行入は真如門からなされるものと見なし、齟齬をきたしているのである。修行実践は重要な問題であるから、その解釈も三船は求めたかったのではないかと思われる。

　こうした元暁の『大乗起信論』研究の成果との相違点を質せなかったことが、三船には心残りであったといえるが、『金剛三昧経論』に心を引かれていたのは、学問上の理由からだけではなかったであろう。『金剛三昧経』の入実際品で、仏が、出家在家、持戒不持戒を問わず存三守一して如来禅に入る者は聖果を受けて成仏すると述べ、元暁がこれに呼応して、持戒を恃み破戒を蔑む者は声聞と批判し、不持戒は過失ではないと主張する点は重要である。ここには、還俗を遂げて在家となった元暁の思いが込められているかのようであるが、三船もまた還俗しており元暁と似たような境遇にあった。当時、還俗者に対する出家者からの風当りは、元暁の批判からすれば相当なもののようであるが、三船の場合も同様の経験があったのかもしれない。そのような二人にとって、右にあげた仏の言葉は心強いものであったに違いない(50)。それとともに、在家として仏道を修する価値が、これによって付け加えられたのであるから、三船にとっての元暁の存在は、『大乗起信論』研究の域を超えて大きなものになったと思われる。在家であっても不持戒であっても、存三守一で聖果を得られるとの教説は、三船だけでなく仏道修行に励む貴族たちにとっても朗報といえるであろう。

　この『金剛三昧経』が元暁の注釈書とともに彼らの間に受け入れられていったことは、想像に難くないところであるが、それはまた、奈良朝貴族への新羅仏教の浸透具合を見る上で、好個の素材となるであろう。

四　新羅仏教の行方

　以上に見たのは、唐仏教を介しての元暁の教説の受容となるが、周知のように新羅仏教は七世紀後半から八世紀前半にかけて、留学僧らによって直接日本にもたらされていた。最後に、この点との関係について述べておくことにする。

　『日本書紀』によると、新羅は敏達天皇八年（五七八）十月、推古天皇二十四年（六一六）七月に仏像を貢ずることがあったが、本格的な交渉が始まるのは同三十一年七月の大使奈末智洗爾の来日以降である。その多くは唐との関係においてなされており、右の智洗爾の一行が大唐学問者僧（恵斉・恵光・醫恵日・福因等）を随伴するように、先に中国（隋・唐）に渡った学問僧の帰国を支援するのが特徴で、舒明天皇四年（六三二）八月（学問僧霊雲・僧旻等）、同十一年九月（大唐学問僧恵隠・恵雲）、同十二年十月（大唐学問僧清安・学生高向漢人玄理）、持統天皇四年（六九〇）九月二十三日（丁酉）（大唐学問僧智宗・義徳・浄願）にも、その例が認められる。また、斉明天皇四年（六五八）七月のように、日本の沙門（智通・智達）が新羅船に乗って入唐することもあった。

新羅への学問僧の派遣は大化四年（六四八）二月が最初で、天武天皇十四年（六八五）五月二十六日（辛未）に観常・霊観、持統天皇元年（六八七）九月二十三日（甲申）に智隆、同三年四月二十日（壬寅）に明聡・観智らが、また『続日本紀』によれば慶雲四年（七〇七）五月二十八日（乙丑）に義法・義基・惣集・慈定・浄達らが、それぞれ帰国しているが、その多くは新羅使に従ってのものであった。持統天皇七年三月十六日（乙巳）に遣新羅使に従う学問僧弁通・神叡らに賜物がなされているが、帰国の時期については明らかではない。

こうした学問僧は、最新の新羅仏教の成果をもたらすことになるが、先に見た新羅船で帰国した大唐学問僧も、経由地の新羅で学僧との交流などがあり、当地の仏教事情を日本に伝える役割を果たしていたものと見られる[51]。

唐との交渉が、天智天皇八年（六六九）の遣使から大宝元年（七〇一）の遣使まで途切れ[52]ている点を念頭にすると、この間に新羅仏教が日本の仏教界に大きな影響を与えていたことになるだろう。これを僧綱に見ると、『七大寺年表』によれば大宝二年に弁通が律師として見え[53]、『続日本紀』では和銅五年（七一二）九月十五日（辛巳）に観成（観常と同一人か）が大僧都、弁通が少僧都、観智が律師に、養老元年（七一七）七月二十三日（庚申）に神叡が律師に、天平元年（七二九）十月七日（甲子）に同じく神叡が少僧都に、それぞれ任命されている。このうち神叡の指導力と学問は、養老三年十一月一日（乙卯）の詔で唐留学から帰国した道慈とともに高く評価され顕彰されている。帰国した新羅学問僧の隆盛振りが窺われる。

新羅僧も来日している。朱鳥元年（六八六）十月の大津皇子の変で飛騨国に流された行心は、皇子の骨法は人臣の相ではないとし逆謀を進めたと伝えられるように[54]、王権の近くにあったらしい。持統天皇四年（六九〇）二月十一日（戊午）には詮吉が帰化している（『日本書紀』）が、勅を受けて渡唐し法相宗を学んだとされる智鳳[55]も同じ帰化僧であろうか。

では、このような新羅学問僧や新羅僧は、いかなる仏教を日本にもたらせたのであろうか。この点を、天平十二年（七四〇）の『華厳経』講説の講師を勤めた新羅学生審詳[56]の蔵書から見ておく。表2は、堀池春峰氏が正倉院文書等をもとに作成された「大安寺審詳師経録[57]」より新羅学匠の著作を抽出したものである。これより知られるのは次のような点である[58]。

第一は、元暁の著作が五一部中三〇部（推定も含む。以下同じ）に及ぶことである。元暁については先に記した通りの新羅仏教を代表する学匠で、和諍の思想を深め、『大乗起信論』にもとづく独特の立場からすべての経論は平等とし、様々な論争や異説の調停に努めたことで知られる。七〇を超える著作があるとされており、表2に掲げた以外にも、『維摩経』『解深密経』『梵網経』『瑜伽論』『掌珍論』『因明入正理論』などの注釈書が認められる[59]。

第二の点は、この元暁ゆかりの義湘（六二五〜七〇一）及びその弟子の義寂の著作が並ぶことである。新羅華厳の祖と称される義湘は、元暁とともに渡唐するという経験を持つ。元暁は途中で悟るところがあり帰国するが、義湘は入唐して智儼（六〇二〜六六八）に師事し、同門の法蔵と親交を深め華厳教学の大成に影響を与えたとされる。義寂は、華厳のみならず他の諸思潮との兼学を旨とし、元暁思想の継承者と位置づけられている。著作も多岐にわたり、表2

表2　審詳の蔵書にみえる新羅関係学匠の著作

元暁	華厳経疏一〇巻	元暁	般舟三昧経略記一巻
義湘	一乗法界図一巻	元暁	梁摂論疏抄四巻
元暁	金剛三昧論疏三巻	元暁	世親論疏四巻
円測	観所縁々論疏一巻	元暁	不増不減経疏一巻
元暁	勝鬘経疏二巻	円測カ	六十二見義一巻
元暁	起信論疏（別記）一巻	元暁	三論玄義一巻
元暁	起信論私記一巻	元暁	広百論撮要一巻
大行	起信論疏一巻	義寂	涅槃経疏五巻
元暁	一道義一巻	義寂	涅槃経綱目二巻
元暁	二障章一巻	元暁	涅槃経宗要一巻
元暁カ	宝性論科文一巻	元暁	法華経要略一巻
	（究竟一乗宝性論科文）	義寂	法華経料簡一巻
元暁	宝性論疏（料簡）二巻	元暁	法華略述一巻
元暁	和諍論（十門和諍論）二巻	義寂	法華論述記一巻
元暁	楞伽経宗要一巻	玄一	両巻無量寿経疏一巻
元暁	本業瓔珞経疏二巻	義寂	両巻無量寿経疏三巻
元暁	楞伽経疏七巻	元暁	両巻無量寿経宗旨一巻
審詳	花厳起信観行法門一巻	義寂	大般若経綱要一巻
元暁	中辺分別論疏四巻	元暁	大般若経宗要一巻
元暁	大乗観行門二巻	円測	般若心経疏一巻
	（花厳大乗観行門）	元暁	菩薩本持犯要一巻
元暁	雑集論疏（対法論疏）五巻	円光	大方等如来蔵経私記一巻
憬興	弥勒経疏三巻	義寂	理趣経疏一巻
道証	唯識要集一三巻	円測	因明正理門論記二巻
円測	唯識論疏九巻	元暁	金鼓経疏八巻
玄一	唯識枢要私記二巻	義寂	馬鳴生論疏一巻
		元暁	判比量論一巻

では元暁に次ぐ八部がある。

結局、審詳が所蔵する新羅学匠の著作のうち、八割近くを占めるのは元暁とそれに繋がる人々のものであったことになる。これに加えて当時の新羅仏教の特質の一端を伝えるが、留意したいのは、これに加えて在唐ながら円測（六一三～六九六）の著作が五部、その教説を受ける道証や唯識学・浄土教学などに通じる憬興の著作が認められることである。これが第三の点である。円測は、玄奘の訳した『瑜伽師地論』『成唯識論』などに注釈を加え、中国・新羅の唯識学に大きな影響を与えた学僧であるが、法相宗の祖である基（六三二～六八二）とは学説を異にしたので基派から敵視され圧迫を受けた。しかし新羅では、右記のように道証に継受され、新羅瑜伽の祖と称される太賢は、円測・道証系の唯識学を法相教学や元暁の和諍思想、法蔵の華厳教学などと同等に扱い折衷を試みることになる。この太賢の著作は審詳の蔵書に認められないが、天平十七年（七四五）に『最勝王経料簡（金光明経料簡）』が、天平勝宝三年（七五一）に『梵網経古迹記』がそれぞれ書写されたことが正倉院文書に見えている。[60]

審詳は華厳の碩学であるから蔵書にもその傾向が表れることになるが、それを差し引いたとしても、当時の新羅仏教には元暁の思想が広く及び、また唐とは一線を画す円測系の唯識学が命脈を保っていたといえるであろう。こうした仏教をもたらせた学問僧のうち、持統天皇七年（六九三）三月に新羅に渡った弁通は大官大寺（大安寺）[61]、神叡は元興寺[62]、『華厳経』講説を勤めた前記の審詳は大安寺、[63]天武天皇十四年（六八五）に帰国した観常が観成と同一人物であれば元興寺[64]に、それぞれ止住したことが伝えられている。

問題は、この新羅仏教が奈良仏教の中でどのような位置を占めていたのかであるが、これについては、右の弁通・神叡・審詳らも含めて学問僧らのその後の動向が明らかではなく、考定しがたいところがある。養老二年（七一八）に三論を中心に唐仏教を学んだ道慈が帰国(65)、天平七年（七三四）には法相の第三祖である智周（六七八〜七三三）に師事した玄昉は在唐留学の成果として「経論五千余巻」と諸仏像を将来、翌八年に道璿が華厳宗と律宗関係の章疏類をもたらすなど、宗派仏教の導入が相次ぎ、天平勝宝六年（七五四）に鑑真とその弟子が来朝し、王権の支持のもとに授戒制度が改められる(66)と、日本の仏教界は唐仏教の配下に帰すことになる。恐らく、こうした趨勢の中で新羅仏教は退潮を余儀なくされ、彼らの消息も途切れるようになるのであろう。

もう一点留意したいのは、和諍を求める元暁の思想は汎仏教的なものであり、特定の宗派の形成には貢献しえない性格を持つことである。これは、義寂や太賢の場合も同じであろう。多岐にわたる注釈書の存在は、経論の理解に有益であるが、その成果としての教義の中には元暁の名は現われてこないのである(67)。つまり、汎仏教的であるが故に、宗派仏教の中に取り込まれてしまうのである。奈良仏教において、元暁らの注釈書は尊重されたが、それはあくまでも経論の解釈のためであって、その核心部分は、三論なら吉蔵（五四九〜六二三）、法相なら基、華厳なら法蔵の著作の理解にあったことになる。元暁に代表される新羅仏教は、結局、このような位置づけの中で推移するものと見られる。

おわりに

このように見ると、奈良仏教の中の宗派仏教、すなわち国家が庇護する鎮護のための仏教では、元暁に代表される新羅仏教は表面化しにくい状況にあったことになるだろう。これに対して、貴族の仏教信仰、すなわち居士仏教においては、それは導きの糸となりうる存在であったと評価することができる。もっともこれは、淡海三船と『金剛三昧経論』という一事例からのものであって、特異な現象と見なくてはならないが、元暁の宗派を超えた思想の展開を念頭にするとき、勤王という義務があるものの、自らの魂の救済のために仏教を信仰する貴族らには、新羅仏教は貢献するところが大きかったと考えられるのである。

おそらく彼らは、唐僧あるいは唐仏教の影響下にある学僧を通して元暁らの思想を摂取していったものと見られる。もちろん、新羅僧や新羅学問僧及びその弟子らからも学んでいたのであろうが、それを裏付ける素材が得られないというのが実情である。

（やまもと　ゆきお・相愛大学教授）

註

（1）聖武没後の七七日に東大寺の盧舎那仏に供される遺愛品を書き上げた天平勝宝八歳六月二十日付「国家珍宝帳」（正倉院御物、『大日本古文書（編年文書）』四ノ一二一〜一七一）の冒頭に見える光明の願文に「伏願持二茲妙福一、奉レ翼二仙儀一、永馭二法輪一、速到二花蔵之宝刹一、恒受二妙楽一、終遇二舎那仏之法筵一」と記され、『続日本紀』天平宝字四年七月癸丑条の光明七七斎の記事には「其天下諸国、毎レ国奉レ造二阿弥陀浄土画像一、

仍計二国内見僧尼一、写二称讃浄土経一、各於二国分金光明寺一礼拝供養」とある。

(2) 後藤昭雄「『延暦僧録』考」(同『平安朝漢文文献の研究』吉川弘文館、一九九三年。初出は一九八八年)。

(3) 華厳教学を大成した法蔵の『大乗起信論義記』は元暁『起信論疏』が母胎となり、『華厳五教章』『華厳経探玄記』でも元暁の影響が認められるという。柏木弘雄『大乗起信論の研究—大乗起信論の成立に関する資料論的研究—』三二頁(春秋社、一九八一年)、鎌田茂雄『新羅仏教史序説』四二八頁(大蔵出版、一九八八年)、福士慈稔『新羅元暁研究』一八七〜一九三頁(大東出版社、二〇〇四年)参照。

(4) 七世紀後半から八世紀前半にかけて学問僧らによって新羅仏教が日本に伝えられるが、これについては論旨の都合上、四で取り上げることにする。

(5) 道璿の大安寺止住は「大安寺碑文」(醍醐寺蔵『諸寺縁起集』所収、藤田経世編『校刊美術史料』寺院篇上巻八七頁、中央公論美術出版、一九七二年)による。

(6) 「唐大和上東征伝」によれば、天平勝宝六年二月に入京した鑑真は東大寺に安置されるが、その後、天平宝字元年十一月に故一品新田部親王の旧宅が施されたので、この地を伽藍として「宝字三年八月一日、私立二唐律招提名一、後請二官額一」「所レ立者今唐招提寺是也」と見える(『群書類従』五ノ五四〇〜五四一)。

(7) 文室浄三と元興寺禅院の関係については、山本幸男「文室浄三の無勝浄土信仰—「沙門釈浄三菩薩伝」と「仏足石記」を通して—」(同『奈良朝仏教史攷』法蔵館、二〇一五年。初出は二〇一一年)を参照。

(8) 『群書類従』五ノ五四二。

(9) 『続日本紀』天応元年六月辛亥条の石上宅嗣薨伝に「自二宝字一後、宅嗣及淡海真人三船為二文人之首一」と見える。

(10) 『三国史記』は鑄字本(学習院大学東洋文化研究所刊、一九八六年)による。

(11) 元暁伝については福士前掲註(3)著書第二章「元暁伝の再検討」に詳しい。

(12) 井上秀雄・鄭早苗訳注『三国史記』4の一四七頁(東洋文庫〈平凡社〉、一九八八年)、青木和夫・稲岡耕三・笹山晴生・白藤禮幸校注『続日本紀』五の五五〇頁(新日本古典文学大系、岩波書店、一九九八年)。

(13) 以下、新羅使の動向を示す日付のある記事は『続日本紀』による。

(14) 堀池春峰「華厳経講説よりみた良弁と審詳」(同『南都仏教の研究』上・東大寺篇、法蔵館、一九八〇年。初出は一九七三年)。

(15) 『続日本紀』宝亀九年二月庚子条の任官記事には「正五位上淡海真人三船為二大学頭一、文章博士如レ故」と見える。

(16) 『群書類従』五ノ五四三。

(17) 『続日本紀』。

(18) 三船は真人を自称することがあったらしく、「唐大和上東征伝」の冒頭に「真人元開」とある(『群書類従』五ノ五二七)。

(19) 三船と道璿・鑑真については、山本幸男「道璿・鑑真と淡海三船—阿弥陀浄土信仰の内実をめぐって—」(前掲註(7)著書。初出は二〇一二年)を参照。

(20) 『三国仏法伝通縁起』巻中の「華厳宗」の項に「璿公齎二華厳宗章疏一始伝二日本二」と見える(『大日本仏教全書』一〇一)。

(21) 続々修四十二ノ三、『大日本古文書』十一ノ五五七〜五六二。

(22) 前掲註(3)参照。

(23) この点については、別稿「正倉院文書からみた市原王の仏教信仰」(『人文学研究』二、二〇一七年)の中で関説することがあったが、十分意を尽くすものではなかった。本稿で改めて三船と『金剛三昧経論』の関係について検討を加えることをお断りしておく。

(24) 『大正蔵』五〇ノ七三〇上・中。

(25) 『三国遺事』は古典刊行会景印本(学習院東洋文化研究所刊、一九六四年)による。

(26) 水野弘元「菩提達摩の二入四行説と金剛三昧経」(『駒沢大学研究紀要』一三、一九五五年)、木村宣彰「金剛三昧経の真偽問題」(『仏教史学研究』一八ノ二、一九七六年)。

(27) 『開元釈教録』巻一二(別録之二)に「金剛三昧経二巻或一巻／北涼失訳拾遺編入」、巻一九(入蔵録上)に「金剛三昧経二巻或一巻二十七紙」と見える(『大正蔵』五五ノ六〇五中、六八八下)。

(28) 「諸仏智地入実法相、決定性故、方便神通皆無相利、一覚了義難レ解難レ入、非二諸二乗之所一レ知見、唯仏菩薩乃能知レ之、可レ度二衆生皆説二一味一」(『大正蔵』九ノ三六六中)。

(29) 「仏言、諸仏如来常以二一覚一而転二諸識一、入二庵摩羅一、何以故、一切衆生本覚、常以二一覚一覚二諸衆生一、令三彼衆生皆得二本覚一、覚二諸情識空寂無

生、何以故、決定本性無レ有レ動」（『大正蔵』九ノ三六八中）。

(30)「仏言、二入者、一謂二理入一、二謂二行入一、理入者深信三衆生不レ異二真性一、不レ一不レ共、……凡聖不レ二、金剛心地、堅住不レ移、寂静無レ為、無レ有二分別一、是名二理入一、行入者心不レ傾レ倚、影無二流易一……捐二離心我一、救二度衆生一、無レ生無レ相、不レ取不レ捨、菩薩心無二出入一、無二出入心一入二不入一故、故名為レ入」（『大正蔵』九ノ三六九下）。

(31)「大力菩薩言、何謂三存三守一入二如来禅一、仏言、存三者、存二三解脱一、守一者守二一心如一、入二如来禅一者理二観心浄如一、入二如レ是心地一、即入二実際一、大力菩薩言、三解脱法是何等事、理観三味、従二何法一入、仏言、三解脱者虚空解脱、金剛解脱、般若解脱、理観者心如理浄無レ可二不心一、……菩薩如レ是之人、不レ在二二相一、雖レ不二出家一、不レ住二在家一、雖レ無二法服一、而不レ具二持波羅提木叉戒一、不レ入二布薩一、能以二自心一無レ為二自恣一、而獲二聖果一、不レ住二二乗一入二菩薩道一、後当二満地成仏菩提一」（『大正蔵』九ノ三七〇上・中）。

(32)「仏言、……是経典法、総二持衆法一、摂二諸経要一、是諸経法、法之繋宗、是経名者、名二摂大乗経一、又名二金剛三味一、又名二無量義宗一、若有レ人受二持是経典一者、即名レ受二持百千諸仏一如レ是功徳、……仏言、如レ是人者、能為二衆生一作二大福田一、常行二大智一、権実倶演、是四依僧、於二諸供養一乃至二頭目髄脳一、亦皆得レ受、何況衣食而不レ得レ受」、「仏言、依二此経教一入二真実観一、一入レ観時諸罪悉滅、離二諸悪趣一当下生二浄土一速成中阿耨多羅三藐三菩提上」（『大正蔵』九ノ三七四上・中）。

(33) 現在では、これらの内容は『金剛三昧経』が七世紀中頃に唐か新羅で偽作されたときに付加されたものとされている（前掲註(26)の水野論文・木村論文参照）が、この当時にあっては、前記のように同経は真経と認識されていた。

(34)「一覚了義者、一心本覚如来蔵義、……如二楞伽経言一、寂滅者名為二一心一、一心者名二如来蔵一、今此文言実法相者是寂滅義、一覚了義者即是一心如来蔵義、法華論云、諸仏如来能知二彼法究竟実相一、言二実相一者、謂如来蔵法身之体不変義故、今此経言二一覚一者、一切諸法唯是一心、一切衆生是一本覚、由二是義一故、名為二一覚一」（『大正蔵』三四ノ九六四中・下）。

(35)「可レ度二衆生一者、如来所レ化一切衆生莫レ非二一心之流転一故、皆説二一味一者、如来所レ説一切教法無レ不レ令レ入二一覚味一故、欲レ明二一切衆生本来一覚一、但由二無明一随レ夢流転、皆従二如来一味之説一無レ不三終帰二一心之源一、帰二心源一時皆無二所得一、故言二一味一、即是一乗」（『大正蔵』三四ノ九六四下）。

(36)「問此中所レ説衆生之心応是六識等生滅心、何以得レ知二一心本覚一、答起信論云有法能起二大乗信根一、謂衆生心依二一心法一有二二種門一、乃至二広説一、又如二経言一、寂滅者名為二一心一、今此文言、空寂之心体無二色相一、言有二左右一意致二還同一、言二無色一者無レ顕二形等色一故、無相者無二生滅等相一故、此文即顕二心真如門一、上言衆生之心且挙二心生滅門一、挙二生滅心一顕二真如門一、以レ之故言、性本空寂、然此二門其体無レ二、所以皆是一心法耳」（『大正蔵』三四ノ九六五下～九六六上）。

(37)「一切情識即是八識、庵摩羅者、是第九識、真諦三蔵九識之義依二是文一起」（『大正蔵』三四ノ九七八上）。

(38)「本覚正是庵摩羅識、得二本覚一者、是釈入義、入二本覚一時覚二諸八識本来寂滅一、覚二究竟一故諸識不レ生、故言諸識寂滅無レ生、……覚二諸情識一寂滅無レ生者、是始覚義、是顕三始覚即同二本覚一也、……今随二始覚一還二帰心源一、帰二心源一時諸識不レ起、識不レ起故始覚円満」（『大正蔵』三四ノ九七八上、九七九上）。

(39)「始覚円満即同二本覚一、本始無レ二故名二一覚一、無レ所レ不レ為故言二聖力一、一覚之内倶二四大智一持二諸功徳一、故言二智地一、如レ是四智同一心量皆無レ不レ周、故名二弘智一、是レ如一覚即是法身、法身即是衆生本覚」（『大正蔵』三四ノ九七九下）。

(40)「前品明二心生滅門一、今此品顕二心真如門一」（『大正蔵』三四ノ九八二中）。

(41)「理入者、順理信解未レ得二証行一故名二理入一、位在二地前一、行入者、証理修行入二無生行一故名二行入一、位在二地上一、……理入已得二自他平等空一故心如二金剛一堅二住不退一、……自利行入、捐二離己下一令二他入一レ行、以証二二空一離二人法相一故、能普遍救二度一切一、雖三心無レ生亦無二境相一、而不レ取二其寂滅之性一恒不レ捨二於一切衆生一、以レ之故言不レ取不レ捨、如レ是二行名為二行入一、……此六行中前四位是理入階降、後二位者行入差別」（『大正蔵』三四ノ九八五上・下、九八七上）。

(42)「守二一心如一者、一心法中有二二種門一、今先守二其心真如門一、為レ伏二無明大龍勢一故、無明正迷二一心如一故、此中守者、入時静守二一如之境一、出時不レ失二一味之心一、故言二守一一、……三解脱者、則是三慧摂二八解脱一故名二解脱一」（『大正蔵』三四ノ九八七下）。

(43)「所レ為二説戒一之人即是諸声聞也、恃二自持戒一懐二諸破戒一、故言二不善慢一故、是人未レ得二諸法空一故、……本覚正是第九識故心無二分別一非二境所レ動、故風不レ能レ動、不レ能レ動故染七不レ生、故言波浪不レ起、是人既証二一切法空一、七支戒性達二皆空寂一、故言戒性等空、而声聞人不レ達二法空一、執二有戒性一恃二自能持一、故言持者迷倒、是答二初問一明三不レ持レ戒而非二過失二」（『大正蔵』三四ノ九八九中・下）。

(44) この点については、金勲『元暁仏学思想研究』第五章「帰一心源」（大阪経済法科大学出版部、二〇〇二年）を参照。

(45) 水野前掲註(26)論文。

(46) 『続日本紀』天平十八年六月己亥条の玄昉伝に「天平七年、随二大使多治比真人広成一還帰、賷二経論五千余巻及諸仏像一来」と見える。玄昉の将来経典については山本幸男「玄昉将来経典と「五月一日経」の書写」（前掲註(7)著書。初出は二〇〇六・〇七年）を参照。

(47) 前掲註(20)参照。

(48) 『大正蔵』四四ノ二〇八下。

(49) 『大正蔵』四四ノ二〇四中。

(50) 石井公成「『金剛三昧経』の成立事情」（『印度学仏教学研究』四六―二、一九九八年）によれば、『金剛三昧経』では、如来蔵思想を柱として大乗諸経の教理に通じ、独得の守一を実践し、戒律の枠外にありつつ僧侶にも敬礼されるような非僧非俗の居士像を礼讃もしくは理想とする、という。

(51) 大唐学問僧の帰国に新羅使が果たした役割については、田村圓澄「新羅送使」（同『日本仏教史』四、法藏館、一九八三年。初出は一九七九年）を参照。

(52) 『日本書紀』天智天皇八年是歳条に大唐への遣使が、『続日本紀』大宝元年正月丁酉条に遣唐使の任命が見える。

(53) 『大日本仏教全書』一一一。

(54) 『日本書紀』持統天皇称制前紀及び『懐風藻』の「大津皇子伝」による。

(55) 『三国仏法伝通縁起』巻中「法相宗」。

(56) 『東大寺要録』（筒井英俊校訂、再版、図書刊行会、一九七一年）収載の「東大寺華厳別供縁起」による。

(57) 堀池前掲書註(14)論文。この「経録」には、『金剛般若論』三巻、『仏性論疏』五巻も元暁の著作として載せるが、福士前掲註(3)著書では誤りと指摘する（一三七頁）ので、表には掲出しなかった。

(58) 以下に記す新羅学匠の概容については、鎌田茂雄『朝鮮仏教史』七二～一〇〇頁（東京大学出版会、一九八七年）を参照している。

(59) 元暁の著作については、福士前掲註(3)著書第三章「元暁著述の再検討」を参照。

(60) 「雑書充装潢帳」、続々修二十八ノ六、『大日本古文書』八ノ三〇八（該当頁数のみを記す。次も同じ）、「写書布施勘定帳」、続々修十三ノ八、『同』十二ノ五〇。

(61) 『日本書紀』持統天皇十年十一月戊申条。

(62) 『七大寺年表』養老元年条。

(63) 谷省吾「円融要義集の逸文―華厳宗の草創に関する史料―」（『南都仏教』三、一九五七年）。

(64) 『七大寺年表』和銅五年条。観常と観成が同一人物である可能性については、坂本太郎・家永三郎・井上光貞・大野晋校注『日本書紀』下（日本古典文学大系、岩波書店、一九六五年）の四六九頁、五一六頁の頭注による。

(65) 『続日本紀』天平十六年十月辛卯条の道慈伝による。

(66) 「唐大和上東征伝」、『群書類従』五ノ五四〇。

(67) 元暁の影響を大きく受けた法蔵の著作には、元暁の名は一度しか出ないという。福士前掲註(3)著書一八八頁。

新羅の金属工芸品
―佐波理製品と真鍮製品を手がかりに―

加島　勝

はじめに

本稿の「新羅の金属工芸品―佐波理製品と真鍮製品を手がかりに―」という題目が、今回のグレイトブッダ・シンポジウムの「新羅仏教の思想と文化―奈良仏教への射程―」というテーマにふさわしかったかどうか大変こころもとないが、何か新羅の工芸について報告するようにとの依頼であったので、日頃、東アジアの仏教工芸史、特に飛鳥時代から奈良時代の金属工芸品を専攻する者の一人として、最近知られるようになってきた材質に関する知見の一端を紹介し、今後の新羅の金属工芸品、ひいては朝鮮半島の金属工芸史研究の見通しについて少し述べてみたい。

一　新羅の工芸と佐波理製品

本稿は副題を「佐波理製品と真鍮製品を手がかりに」とした。ここではまず、これまで新羅の工芸について指摘されてきたことの一つとして佐波理製品についてみておきたい。

佐波理と呼ばれる金属は、銅に錫をくわえて鋳造した後、熱処理を施した合金で、鍍金、金メッキを施していないにもかかわらず黄金色を呈している。叩くとよく響くことから響銅とも呼ばれ、『和名類聚抄』に見える「鈔鑼」という新羅語が転訛したものと考えられてきた。この佐波理製品が日本の正倉院宝物や法隆寺献納宝物の中に数多く含まれていることはよく知られている。正倉院宝物には佐波理製の皿が約六二〇枚、加盤が鋺と蓋を合わせて約四三〇合、匙が約三五〇本含まれている（図1）。いっぽう法隆寺献納宝物には法隆寺が再建されてゆく七世紀後半から八世紀初めにかけての品々、すなわち正倉院宝物よりも一世代古い時期のものが多く含まれているといわれている。この法隆寺献納宝物中の佐波理製品は数は三〇点弱と少ないが、八重鋺、蓋鋺、托子、匙などがある（図2）。

こうした佐波理製品について中野政樹氏の論考[1]に導かれながら、これまでの研究の足跡を振り返っておきたい。中野氏は一九五六年

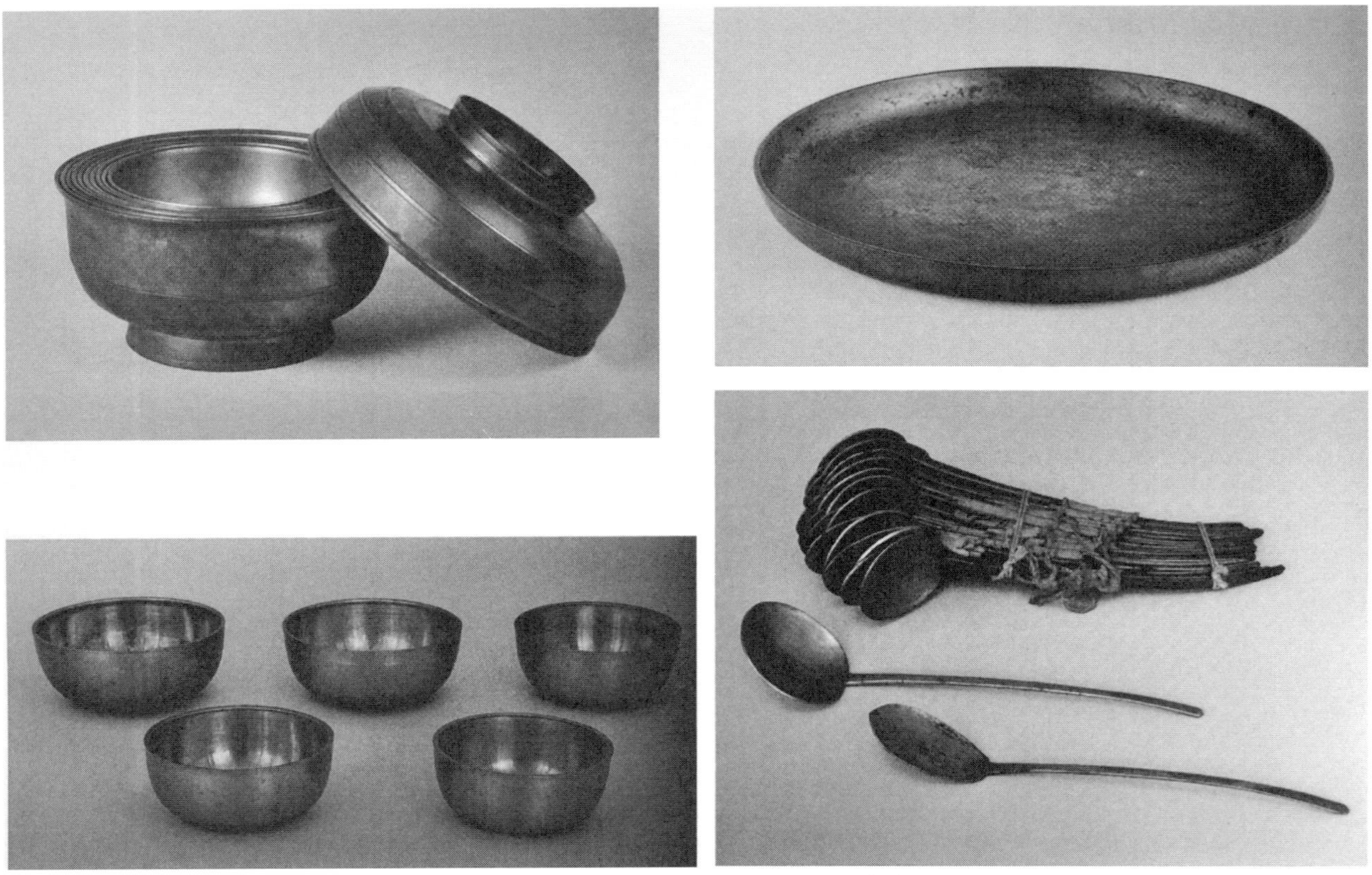

図１　正倉院宝物の佐波理製品　正倉院

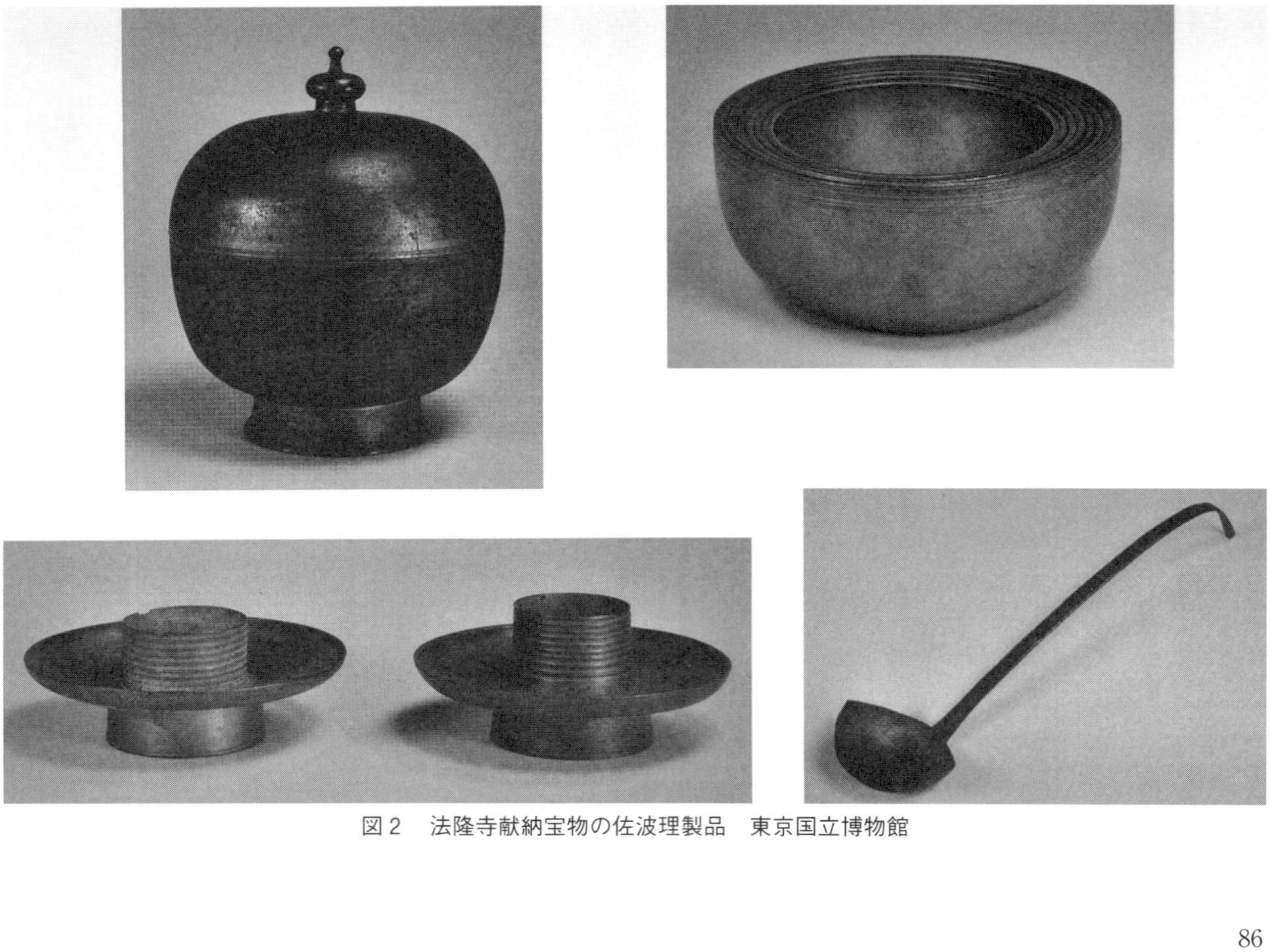

図２　法隆寺献納宝物の佐波理製品　東京国立博物館

の『書陵部紀要』第八号に掲載された「正倉院御物材質調査」が佐波理皿（南倉四六—一六）および佐波理加盤（南倉四七—三三）ついて測定を行なった結果、加盤は錫と鉛は数パーセントで、残りが銅という組成で、また皿は加盤よりも錫と鉛の割合が低い組成であると推定された。こうした加盤や皿は真鍮のような色を呈しており、

図3　雁鴨池出土の佐波理製品　国立慶州博物館

製作当初は金色に輝いていたもので、現在でも佐波理加盤は錆がなくよく磨かれたような真鍮色を呈しており、白銅とは異なった色調をしめしているとされる。中野氏は天平勝宝四年（七五六）六月二十三日の『買新羅物解』（前田育徳会尊経閣文庫蔵）に「迊羅五重鋺参畳口径五寸已下／白銅五重鋺弐畳口径五寸已下」とあり、迊羅の五重鋺が白銅の五重鋺と区別してしるされていることに触れられ、これについては関根真隆氏がこの迊羅が佐波理のことを意味し、この種の銅製品を新羅からの舶載品であることを推測されていることを紹介された[2]。関根氏のこの説以降、佐波理製品は新羅の特産品という認識が次第に定着していったようだ。

その後東野治之氏は、この「佐波理」という言葉はいろいろな漢字で表記されるが、その文字じたいには意味がないことに着目され、文字よりも音に意味があり、その音にいろいろな字が当てられていると考えられた。そこで思い起こされるのがアラビア語の「サフル」という語で、この語は「黄色くある」という動詞からきた語で、黄色の銅を表すので、黄色に輝いた銅合金つまり「佐波理」だったとされ、この西アジア起源の金属器が朝鮮半島と交渉があった中央アジアをへて朝鮮半島に伝えられたのではないかという興味深い説を述べられている[3]（図3）。

さらに近年の研究では正倉院事務所におられ精力的に正倉院宝物の素材の解明に取り組まれた成瀬正和氏の業績がある。成瀬氏には佐波理の組成について正倉院宝物約三〇〇点について蛍光X線分析を行った結果、それまでの「正倉院御物材質調査」の「鉛、錫が数パーセントで残りは銅」あるいは「それよりさらに銅が多いもの」というとらえ方は誤りで、銅八〇パーセント、錫二〇パーセントで、これにバリエーションとして鉛やヒ素がくわわるものがあることを明らかにされた。また、『買新羅物解』にみえる「迊羅」が新羅の器物の材質を指す当時の用語であるとすることに対して、それは特殊な表記で、当時佐波理製品は一般的には白銅と表記していたと見て間違いないと述べられている[4]。

ではこの点について『法隆寺伽藍縁起幷流記資財帳』（以下『法隆寺資財帳』としるす）を取り上げて考えてみたい。『法隆寺資財帳』は天平十八年（七四六）十月に朝廷が縁起や資財等を報告する

ように命じたのに対して、法隆寺の三綱が寺の縁起書と資財目録を作成して翌年の天平十九年二月に僧綱所に提出したものである。ここではその資財目録の項にしるされた金属工芸品の材質を手掛かりにするが、その前に資財の項の冒頭にしるされた仏像の材質に関してもごく簡単に触れておきたい。

『法隆寺資財帳』の資財の項の冒頭には「合仏像二一具　五軀四十張」としるされており、その内訳として、よく知られているように西院伽藍金堂東の間に現在安置されている薬師如来像や中の間の釈迦三尊像などが列記されている。いずれも「金泥」の「銅」の何々像としるされている。金泥は「こんでい」と読み、金泥の泥の字は泥の下に土が付くが意味は泥と同じである[5]。いわゆる金泥は金粉を膠で溶いた顔料のことであるが、この銅製の仏像の場合の「金泥」は銅製鍍金すなわち金銅製であることをしめしていると思われる。そこで注目されるのがこの記事の少し後の方にしるされている「金泥木像」である。木製の像が金泥であるというこの記述は、この像が金泥塗りか漆箔であることをしめしているものと思われる。そこで思い起こされるのが法隆寺献納宝物一九三号の木造如来立像で、同像には漆箔が施されていることが知られている。古代の木彫像で金泥塗りの仏像の例はないようなので、したがって、資財帳にしるされる「金泥」という言葉には「鍍金」の意味と「漆箔」の意味の両方があったことがわかる。その際注意しなければならないのは、当時の鍍金は水銀アマルガム法によったものと一般に考えられているが、漆箔を施した銅製仏像もあったのではないか考慮する必要もあろう。法隆寺の玉虫厨子や金堂四天王像に切金が用いられていることが知られており、金箔を用いた漆箔が行われていたとしても不思議ではない。そして水銀アマルガム法に関しても、水銀を像の表面に塗布してから金箔を置き、熱を当てて水銀を蒸発させる箔鍍金を行っていた可能性もあり、飛鳥時代の金銅仏の鍍金に関しては、水銀アマルガム法、箔鍍金（これも水銀に金箔をのせて水銀アマルガムをつくるので水銀アマルガム法の一種といえるが）、そして漆箔、の三つの技法があった可能性があろう。いずれにせよ「金泥」の銅何々仏という呼称は『法隆寺資財帳』だけではなく、同じ天平十九年の『大安寺伽藍縁起幷流記資財帳』（以下『大安寺資財帳』としるす）にも見ることができる。また天平宝字五年（七六一）の『法隆寺東院縁起資財帳』（以下『東院資財帳』としるす）には行信奉納の「金泥銅花瓶」が見える。『東院資財帳』では夢殿の救世観音のこととみなされる像について「上宮王等身観世音菩薩木像一軀金薄押」としるしており、漆箔像を「金泥木像」としるしていた天平十九年の法隆寺資財帳とは異なり、金薄押としていることは注目される。少し降って神護景雲元年（七六五）の『阿弥陀悔過料資財帳』や宝亀十一年（七八〇）の『西大寺資財流記帳』では鍍金された銅像や仏具は「金銅」としるされているので、「金泥」の呼び方が古く、それがのちに「金銅」へと呼び方が変わっていったと考えたいところであるが、延暦二十年（八〇一）の『多度神宮寺伽藍縁起幷資財帳』ではまた「金泥」としるされており、そうは一概にいえないようである。「金銅」という語じたいは庚寅年（五九四）の銘を有する法隆寺献納宝物一九六号の光背の銘文中に「金銅釈迦像一軀」としてすでに見られることはよく知られるところである。

二　『法隆寺伽藍縁起幷流記資財帳』記載の金属工芸品の素材

いささか前置きが長くなってしまったが、次に『法隆寺伽藍縁起幷流記資財帳』記載の金属工芸品の素材についてみてゆくことにしよう。『法隆寺資財帳』は仏像、仏画、仏舎利、経典を列挙したのちに、僧や沙弥の数をしるし、そののちに金、銀、水銀、白鑞（びゃくろう。錫を含む鉱石。アンチモンとする説もある）、黒鑞（くろろう。銅と鉛の合金とする説がある）、それに銭貨などを列記したあと、仏具をしるすが、その冒頭には養老六年（七二二）に元正天皇が元明天皇の一周忌斎会の料として納められた仏分と聖僧分の供養具が二十四口（鉢一口、多羅二口、鋺七口、鉗一口、匙一口の一セット十二口が二セット）がいずれも白銅製とされている。それにしるされる器物の材質をしめしてみると、

鉢　：白銅製二口、銅製一口、鉄製二口、塞製（乾漆）一口、
　　燻製（鉄または瓦鉢を燻じたもの）一口
飯鋺：白銅製九口
鋺　：白銅製五十八口
多羅：銀製一口、白銅製一八口
匙　：白銅製八口
鉗　：白銅製六口
香炉：白銅製据香炉一口、鍮石製柄香炉二具、白銅製柄香炉六口、赤銅製柄香炉一口
水瓶：白銅製十六口
器　：白銅製香坏三口、白銅製匣一口、白銅製鑵一三口、白銅製壺一口、鉄薬臼一口
鏡　：白銅製六面
鐘　：材質をしるさない
磬　：銅磬一口、鉄磬一口
釜　：銅製一口、鉄製十三口
火炉：白銅製六口、鉄製三口

このように、『法隆寺資財帳』にしるされる器物は銅鉢、銅磬のように銅製のものもあるが、ほとんどの材質は白銅としるされている。鐘に材質がしるされていないのは当時鐘といえば銅製であることが自明のことであったからかもしれない。そうしたなかで、香炉の項に見える赤銅は現代の金工では銅に三パーセントから五パーセントの金をくわえた合金のことであるが、古代の赤銅はこれとは別で熟銅、すなわち精錬を必要としない自然銅のことで、蛍光X線分析ではほぼ純銅といえることが成瀬正和氏によって確かめられている。正倉院宝物に含まれる赤銅柄香炉は、かなり赤い地金色を呈しており、これに相当するとみなされる。そして香炉の項にはもう一つ「鍮石」という耳慣れない材質がしるされている。本論で取り扱う二つの材質のうちの一つであるが、これについては後述する。

さて『法隆寺資財帳』にしるされる工芸品、仏具類で圧倒的多数をしめるのは白銅である。白銅は現在では銅に錫をくわえた合金のことで、錫の割合が高いために白色が強いので、鏡に用いられることが多い。また銅合金の中でも硬度が高いので、鋳造品に適している。高錫青銅ともいう[6]。このように白銅は錫の割合が高いため白色が強いとされるが、『法隆寺資財帳』にしるされた白銅製品の現存

する作例を見ていくとかならずしもそうではない例もあるようだ。その例としてここでは海磯鏡と水瓶を比べてみたい。

法隆寺献納宝物中の二面の海磯鏡は天平八年（七三六）二月二十二日の聖徳太子の命日に光明皇后が法隆寺に施入した「海磯形」としるされる二面の白銅鏡に当たると考えられており、名称もこれに由来している。いま便宜的にA鏡・B鏡と名付けられているが、どちらも鉛白色をしており、白銅と呼ばれるのももっともかと思われる。銅と錫の割合は、A・B両鏡ともおおよそ銅七〇パーセント、錫二五パーセント、鉛五パーセント、そのほかにヒ素やビスマス等が微量認められるという分析結果を得ている[7]。この値は成瀬正和氏があきらかにされた唐鏡の組成に比べると少し銅の含有値が少ないように思われるが、この点は今後の課題としたい。

いっぽう法隆寺献納宝物には竜首水瓶をはじめ十一口の水瓶が含まれているが、その中に九口の長頸瓶がある。これらの水瓶には『法隆寺資財帳』に白銅水瓶十六口としるされ、それぞれ高さがしめされているものに該当するものもあるかと思われるが、現存する作例を見ると胴の形に違いがある二つのタイプがある。同じ天平十九年（七四七）作成の『大安寺資財帳』には漢軍持、胡軍持、棗瓶、柘榴瓶といった水瓶の名が見える。このうち棗瓶は胴が棗形をしたタイプのものを、柘榴瓶は胴が柘榴形をしたタイプのものを示していると思われ、棗瓶、柘榴瓶が奈良時代の水瓶の呼び名であったことがわかる。『法隆寺資財帳』ではこうした形の特徴のことはしるさずに、白銅という材質と高さや径といった大きさで特定したようだ。そしてその材質は、同じ白銅でも先ほどの海磯鏡とは地金の色味がことなっている。鉛白色というよりも金色に近いまさに佐波理色を呈している。法隆寺献納宝物の長頸瓶は化学組成の比率はあきらかにされていないが、銅・錫合金のものと銅・錫・鉛合金の二種類の組成のものがあることが平尾良光氏によってあきらかにされている[8]。

この化学組成と水瓶の形や構造技法を勘案すると興味深い事実が浮かび上がる。図4・5は献納宝物二四六号の柘榴形水瓶であるが、化学組成は銅・錫・鉛合金である。底造りが共底で、中心をわずかに外したところに原型製作時の時のものとみなされる鉄芯を抜いた後に円形の嵌め金を施している。いっぽう図6・7は献納宝物二四七号の柘榴形水瓶で、こちらの化学組成は銅・スズ合金である。そして底造りは嵌め底である。二つの水瓶の姿を比べて見ると、二四六号に比べて二四七号は胴がまるくなり高台がラッパのように裾開きになっている。このように柘榴形水瓶では材質と高台の形、そして底造りからみて二つのタイプに分けることができる。そして銅・錫・鉛合金のタイプのものの方の姿が整っており、底造りも共底という手のこんだ技法であることから、銅・錫合金の水瓶は日本製で、銅・錫・鉛合金の水瓶の方は中国製ないし朝鮮半島製の可能性が高いのではないかと思われる。

さらに法隆寺献納宝物二四五号の浄瓶（図8）と同宝物二五三号の棗形水瓶（図9）の二口はどちらも椀を伏せたような形の底造りである（図10・11）。どちらも銅・錫・鉛合金なので、中国ないし朝鮮半島製かと思われるが、こうした底造りの水瓶が中国製の水瓶には見られないことから、松本伸之氏はこうした底造りの水瓶は新羅製ではないかと推察されている[9]。

しかしこうした水瓶の地金の銅・錫・鉛合金か銅・錫合金かとい

図4　柘榴形水瓶　法隆寺献納宝物246号　東京国立博物館

図5　同前　底裏

図6　柘榴形水瓶　法隆寺献納宝物247号　東京国立博物館

図7　同前　底裏

図8　浄瓶　法隆寺献納宝物245号　東京国立博物館

図9　同前　底裏

図10　棗形水瓶　法隆寺献納宝物253号　東京国立博物館

図11　同前　底裏

う違いは肉眼では区別することはできない。『法隆寺資財帳』ではこうした水瓶も鏡もいずれも白銅と呼んでいる。成瀬正和氏は奈良時代には白銅も佐波理も区別しないで白銅と呼ばれていたと考えられているが、[10]『法隆寺資財帳』には銅鉢、銅磬のように銅製のものもしるされているので、やはり何らかの区別がなされていたのではないだろうか。筆者は一案として白銅は白鑞（びゃくろう。錫のこと）と銅の合金をしめしていると考えたい。いまそれを具体的に実証するすべはないが、白銅が銅と錫と合金をしめすと解することができれば、海磯鏡の白銅も水瓶の佐波理もどちらも銅・錫合金であるから、その意味においては成り立つと思うのだが、いかがであろうか。

三　最近あきらかになった真鍮製品

本稿で取り上げるもう一つの材質である鍮石のことに移りたい。法隆寺献納宝物二八〇号（図12）と二八一号（図13）の二柄の鵲尾形柄香炉は、『法隆寺資財帳』に鍮石製としてしるされる香炉に当たる可能性が高いと考えられている。日本に伝えられた鵲尾形柄香炉は法隆寺に伝わったもの二柄と正倉院宝物中の一柄の合計三柄ある。そし

図12　鵲尾形柄香炉　法隆寺献納宝物280号　東京国立博物館

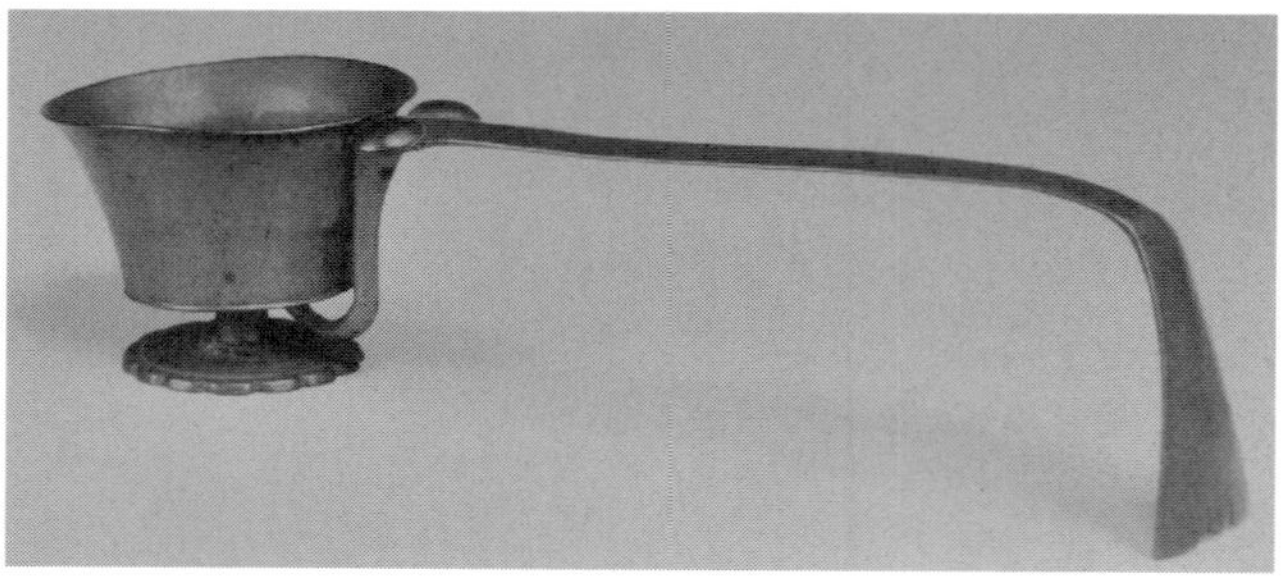

図13　鵲尾形柄香炉　法隆寺献納宝物281号　東京国立博物館

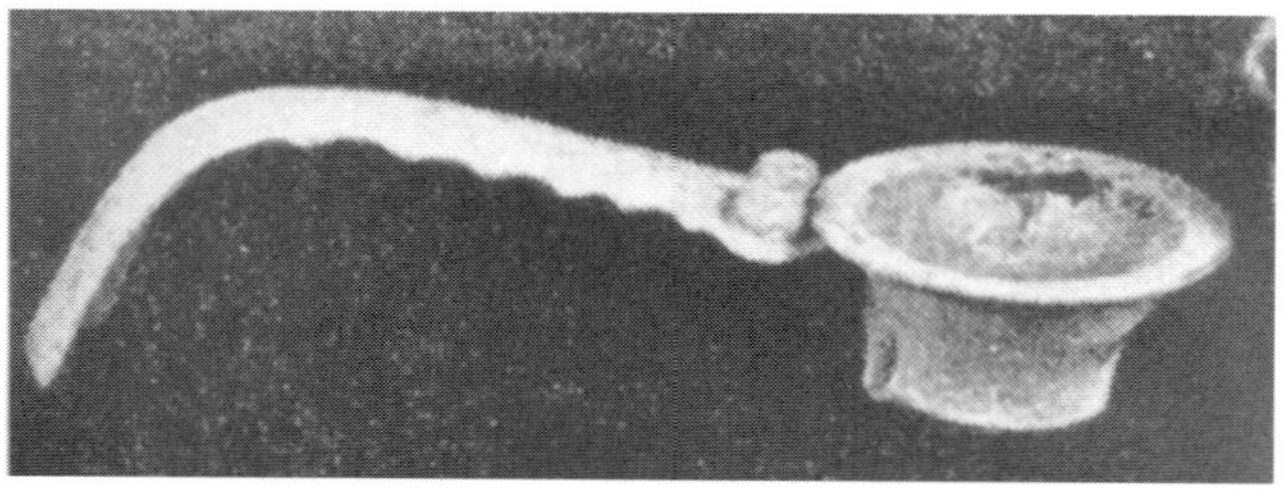

図14　鵲尾形柄香炉　中国・河北省景県封魔奴墓出土

て中国で出土地があきらかなものとして、河北省景県の北魏の豪族封魔奴墓出土のもの（図14）が知られている。

　鍮石は黄銅ともいい、自然鉱の銅鉱石の中に亜鉛が含まれているものとの見方がなされてきた。古代東アジアの人々にも広く知られていたようで、玄奘がインドへの求法の旅から帰国した翌年の貞観二十年（六四六）にその見聞をまとめた『大唐西域記』の中には興味深い記事がある。[11] それはアフガニスタンのバーミヤンの大仏のことである。バーミヤンの大仏は二〇〇一年にタリバン政権によって破壊されてしまったが、玄奘は高さ五三メートルと三五メートルの二つの大仏のうち三五メートルの方の大仏が鍮石でできているとしるしている。[11] つまり石仏が金銅仏のようにきらきらと輝いていたことになるわけだが、これはおそらく仏像が鍮石のように光り輝いているという比喩として言っているものと思われる。玄奘が鍮石のことを知っていたことは、当時鍮石が仏像製作の金属素材としても知られたものであることをしめすものといえ、注目すべきであろう。唐代の文人、段成式の『酉陽雑俎』には長安の華厳院の鍮石の盧遮那仏の立像の高さが六尺あるとしるしており、唐時代の都の寺に鍮石製の仏像があったことがうかがえる。[12]

　ところで、日本では銅とともに真鍮の成分となる亜鉛が精錬できるようになるのは近世になってからのことと考えられている。それ以前は鍮石のような場合をのぞけば、人工的に合金としての真鍮をつくることはできなかったようである。ところが最近、東京国立博物館が実施した法隆寺献納宝物特別調査の際に早川泰弘氏によって、同宝物二八〇号及び二八一号の鵲尾形柄香炉がいずれも亜鉛が二〇パーセント以上も含む銅—亜鉛合金、すなわち真鍮製であることがあきらかになった。[13] 二八〇号では火炉をはじめ合計九カ所を測定され、いずれもおおよそ銅が八〇パーセント、亜鉛が二〇パーセントの組成となっている。また金が火炉の外側面や内側面、柄の裏などから検出されているので鍍金されていたこともわかる。二八一号では六カ所を計測された結果、火炉、笠鋲、柄および花形台座から銅と亜鉛、微量の鉛と鉄が検出され、その組成は銅七〇パーセント、亜鉛が三〇パーセント、鉛が一パーセントくらいであると大把みに理解できる。また花形台座の底裏中央からは微量の金が検出されており、鍍金されていた可能性もしめされている。今回わかったこの二〇パーセントを超える亜鉛の含有量は、それが自然鉱の銅鉱石に含まれているものではなく、あきらかに銅―亜鉛合金である真鍮製であることをしめしているという。これにより当時すでに亜鉛が精錬されていたことがあきらかになり、そうした合金つまり真鍮のことを奈良時代には鍮石と呼んでいたと考えられよう。今回の早川氏の調査では二柄の鵲尾形柄香炉のほかにも同じ献納宝物中の二八三号の瓶鎮柄香炉や、二五五号とN二五六号の二口の脚付合子も銅―亜鉛合金、すなわち真鍮製品であることがあきらかにされている。

それではこうした真鍮製品ははたして日本でつくられたものなのだろうか。その製作地があらためて問題となるが、そこで注目したいのが、正倉院宝物の中にも銅―亜鉛合金、すなわち真鍮製品が含まれていることが成瀬正和氏によってあきらかにされていることである。同氏によると正倉院宝物の黄銅柄香炉（南倉五二号―一）や黄銅合子（南倉三〇）が真鍮製であるとされている。黄銅柄香炉の組成は銅七五パーセントに対し亜鉛二五パーセントで、他に約五パーセントの鉛と鉄、ニッケル、コバルトなどが含まれているという。また黄銅合子の方も、身の本体や蓋は銅―亜鉛の組成が銅七五パーセントに対し亜鉛二五パーセントで、他に約三パーセントの鉛および約二パーセントの錫などが含まれているという。このように黄銅柄香炉と黄銅合子は化学組成が大変よく似ているので、成瀬氏は両者が本来一具のものであった可能性を示唆されている。つまり黄銅合子は香合、香を入れる容器として黄銅柄香炉とセットで用いられた可能性が高いと考えられている。また同氏はこのほかにも赤銅合子（南倉二九号―三）の相輪部や、螺鈿紫檀五絃琵琶（北倉二九号）や螺鈿紫檀阮咸（北倉三〇号）の文様をあらわす金属線、さらには平螺鈿円鏡（北倉四二号）の鏡背の間地に蒔かれた金属粉も銅―亜鉛合金であることをあきらかにされている。

これらの六例の作例はいずれも唐時代の中国製と考えられていることから、法隆寺献納宝物の鵲尾形柄香炉をはじめとする真鍮製品も今後、中国や朝鮮半島で製作された可能性を考慮する必要が生じてきたといってよいだろう。

四　法隆寺献納宝物二八一号の製作地と製作年代

図15は先に触れた法隆寺献納宝物二八〇号鵲尾形柄香炉の火炉口縁裏の針書き銘である。一字目を「上」、二文字目を「うかんむり」の字とみて、「宮」と呼んで「上宮」と読む考えがある。「上宮」は聖徳太子の別名であるが、この文字は針書きの線の中に鍍金が認められないので、後世に入れられた銘だとわかる。

いっぽう、図16は座裏の針書き銘で、こちらの方は針書き線の中に鍍金が認められるので、この柄香炉が製作された当初に入れられた銘だとわかる。二字目を「方」と読むことではおおかた一致しているが、一文字目を何と読むかこれまで議論されてきた。かつて木内武男氏は「帯」と読まれたが、[14]そうすると「帯方」と読めることになり、後漢から魏、西晋にかけての楽浪郡の地域のあった帯方郡のこととなろう。しかし、この読み方には異論も多く、東野治之氏先生は三文字の銘と見られ、一文字目を「四十」と読まれ、二文字目は判読不能の文字、三文字目を「方」と読まれている。[15]そして

【図17】は柄の裏の朱書き銘で、同じく東野氏は江戸時代の銘でこの柄香炉が慧慈法師のご持物であるとの法隆寺の寺伝をしめしていると考えられている[16]。慧慈は高句麗の僧で、聖徳大使の仏教の師匠であった人で、推古天皇三年（五九五）に来日した後、飛鳥寺に住み、推古二十三年（六一五）に帰国したと伝えられる。

ところで図18は慶州の皇南大塚から出土した帯金具の帯先金具である。皇南大塚は五世紀頃の夫婦合葬墓で（最近では父子合葬墓との考えもある）、その北墳、夫人の墓から出土した帯金具である。筆者は二〇一〇年にソウルの国立中央博物館を訪れた時に皇南大塚の特別展示を拝見することができたが、その際帯先金具に刻まれた文字が目に留まった。（図19）。帯先金具は長さが一二㎝ほどのものだが、ガラスケース越しに単眼鏡で見てもはっきりと見えたことを今でもよく覚えている。展示のキャプションには「夫人帯」とするされており、この時にこの文字が「帯」なら、鵲尾形柄香炉の文字も「帯」と読めるのではないだろうかと思った（図16）。

このことから座裏の銘が「帯方」と読めるなら、改めて柄裏にしるされた慧慈法師ご持物との寺伝があらためて注目されよう。帯方を慧慈法師の生まれ故郷高句麗の古い時代の呼称とみなすことができれば、この柄香炉は慧慈法師が推古三年（五九五）の来日に際し、携えて来られた柄香炉そのものになるからである。これまで本柄香炉は七世紀、飛鳥時代の製作と考えられてきたが、六世紀の大陸製、朝鮮半島製の可能性が出てきたといえよう。

図20・21は慶州の石窟庵の十大弟子の一号像で、このように柄香炉を持っていることが知られている。仔細に見るとその柄香炉が鵲尾形で、一緒に胴が玉子形を入れ物、おそらく香を入れた香合を持っている。ここで注目したいのが先ほどの法隆寺献納宝物の脚付鋺で、石窟庵十大弟子の柄香炉と合子の組み合わせは、献納宝物鵲尾形柄香炉と脚付き鋺が組み合わされていたことを示唆する。最近わ

図15　鵲尾形柄香炉（火炉口縁裏針書銘）　法隆寺献納宝物280号　東京国立博物館

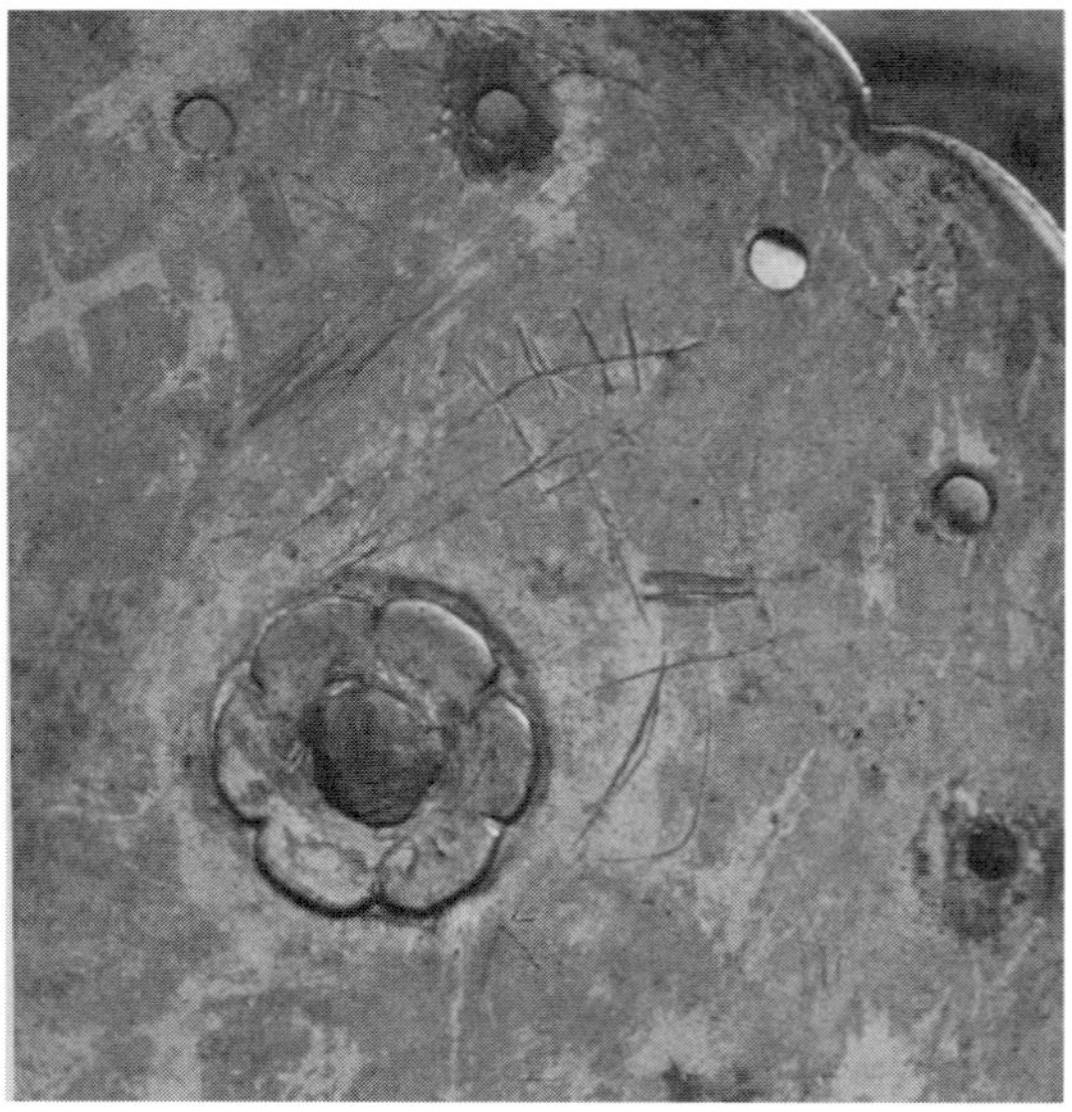

図16　同前（台座裏針書銘）

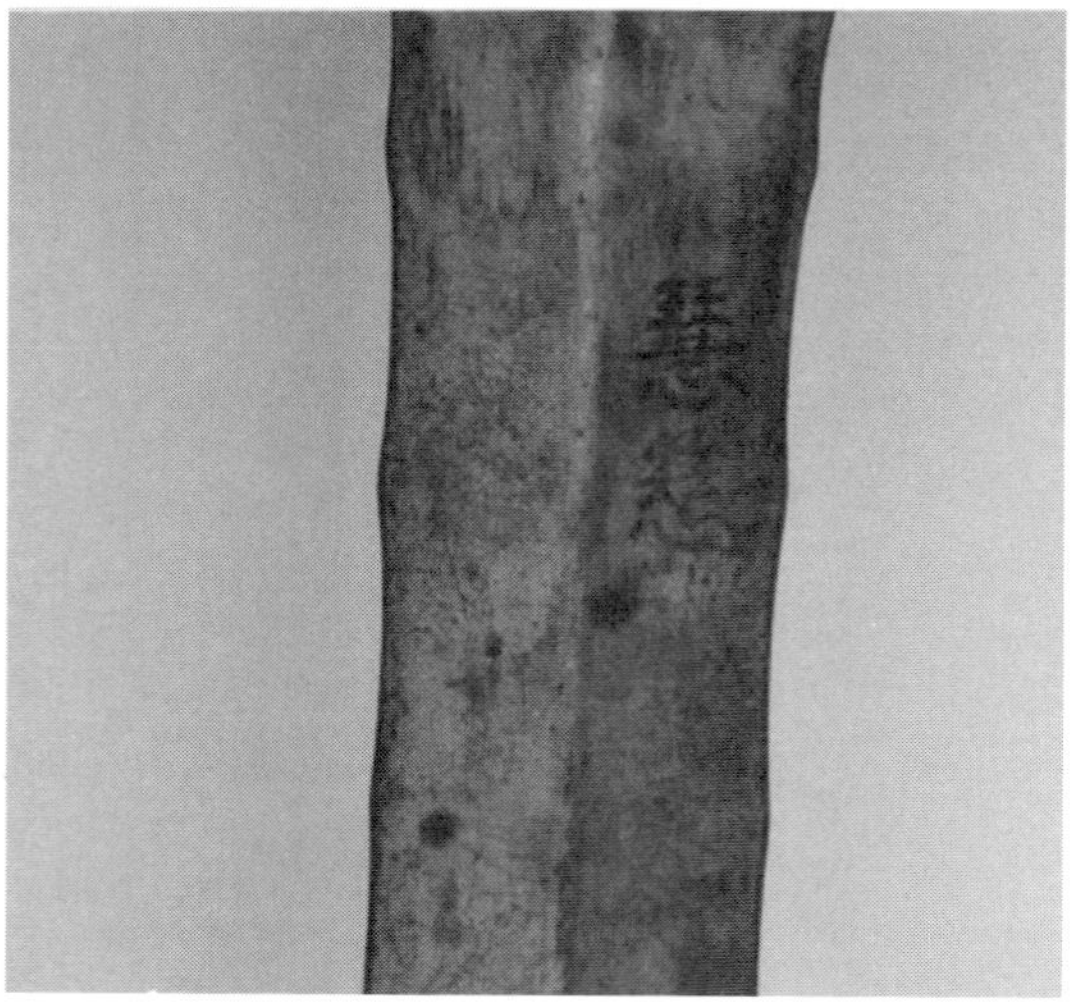

図17　同前（柄裏朱書銘）

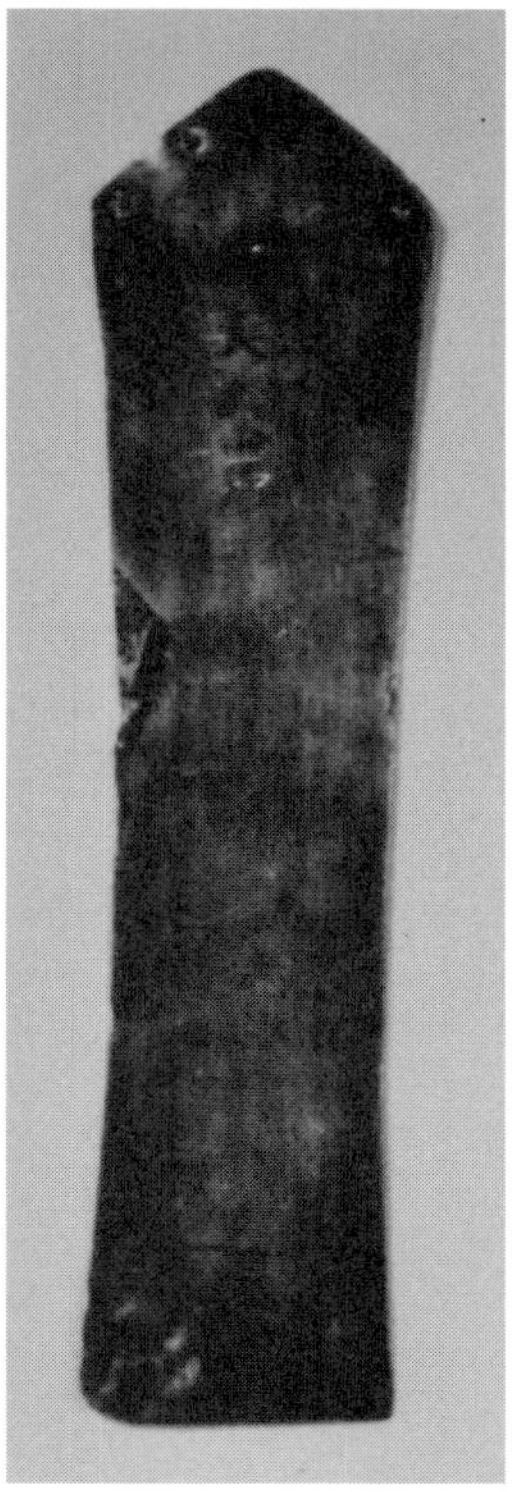

図18　帯先金具　韓国・慶州皇南大塚出土　国立慶州博物館

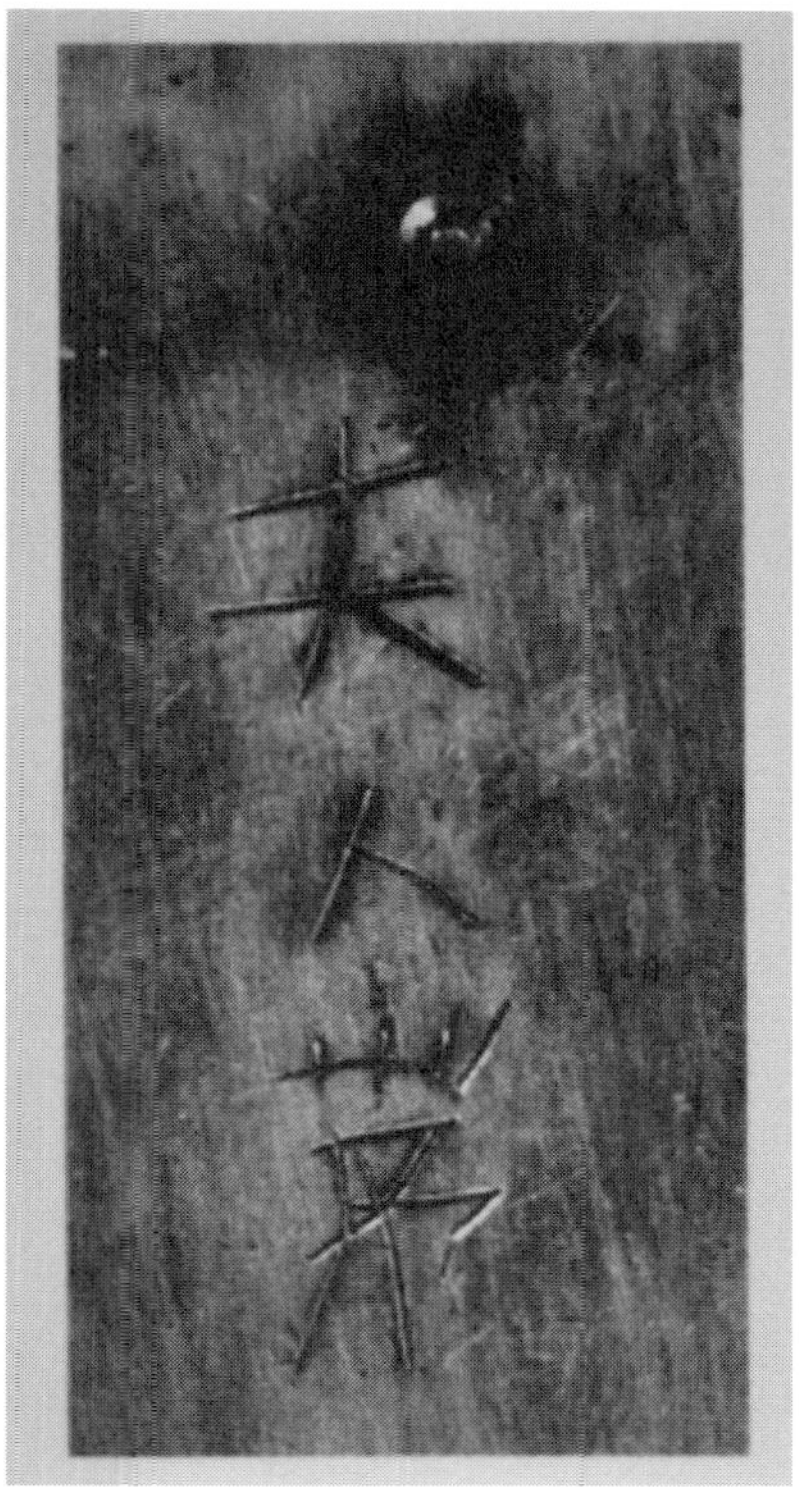

図19　同前（針書銘）

図20　韓国慶州石窟庵十大弟子像（第１像）

図21　同前部分

図22　獅子鎮柄香炉　韓国・慶尚北道軍威麟角寺出土

かったようにどちらも材質が同じ真鍮製である。

さきほど鵲尾形柄香炉が六世紀にさかのぼる可能性が出てきたと述べたが、柄香炉は唐時代の中国では、柄の末端に獅子形の鎮子を据えた獅子鎮柄香炉が盛行し、それ以前は鵲尾形柄香炉が盛行していたと考えられている。石窟庵は『三国遺事』によれば、新羅の景徳王、景恭王の宰相だった金大城が父母のために建立した「石仏社」で、七五一年（景徳王十年）に建立をはじめ、七七四年（恵恭王十年）に完成したとされる。そうすると石窟庵の十大弟子像は当時唐で盛行していた獅子鎮柄香炉ではなく古いタイプの鵲尾形柄香炉を持物としたのだろうか。石窟庵は本尊（釈迦如来）をはじめ大変優れた出来栄えなので、持物も当然当時盛行していたものを表すはずであろう。古いタイプの鵲尾形柄香炉を持物としていることは、あるいは石窟庵の造立年代そのものが古いのではないかとも思いたくなるが、いかがだろうか。ちなみに最近慶尚北道軍威に所在する麟角寺址から獅子鎮柄香炉（図22）が発見された。報告書では高麗時代の製作とされているが、筆者は新羅時代にさかのぼる可能性もあるのではないかと思っている[17]。

最後に法隆寺献納宝物二五五号の真鍮製脚付鋺は蓮の蕾形の鈕を備えている（図23）。いっぽう近年飛鳥寺の一塔三金堂伽藍配置の直接的源流ではないかと注目されている扶余の王興寺の塔から発見された青銅製舎利容器（図24）も、その鈕が献納宝物の脚付き鋺とよく似た蓮の蕾形をしているので、三田覚之氏は献納宝物脚付鋺の源流を百済に求めている[18]。

図23　脚付鋺　法隆寺献納宝物255号　東京国立博物館

図24　青銅製舎利容器　韓国・忠清南道扶余郡窺巌面新里王興寺址出土

結びにかえて

以上、とりとめのない論に終始してきたが、近年あきらかになった法隆寺献納宝物中の真鍮製品は朝鮮半島製あるいは中国製の可能性が高いと思われる。これまで朝鮮半島から古代の真鍮製品は発見されていないようだが、おそらく朝鮮半島にも当然あって、それが日本に輸入され、あるいは技術を持った人が来日していたのではないかと思われる。石窟庵の十代弟子の持物が鵲尾形柄香炉と脚付鋺であることは、当時真鍮製の仏具も新羅の領域に存したことを暗示しているのでないかと思われ、よって佐波理製品はやはり新羅の特産品であった可能性があろう。しかし朝鮮半島の製品がわが国に強く影響したことは疑いないが、その源流はさらに中国に求められるべきで、言い換えるならば朝鮮半島は中国から日本への経由地と考えるのが自然であろう。法隆寺献納宝物や正倉院宝物中の佐波理製品に似た中国での佐波理製品はいまのところほとんど知られていないが、今後朝鮮半島での真鍮製の、中国での佐波理製と真鍮製の仏教遺品が発見され、そうした作品に即した調査研究が今後なされることを願って稿を終えたい。

（かしま　まさる・大正大学教授）

註

（1）中野政樹「正倉院の金工　総説」（宮内庁正倉院事務所編『正倉院の金工』一九七六年　日本経済新聞社）
（2）関根真隆『奈良朝食生活の研究』（日本史学研究草書　一九六九年　吉川弘文館）
（3）東野浩之『正倉院文書と木簡の研究』（一九七七年　塙書房）、同『正倉院』岩波新書（一九八八年　岩波書店）
（4）成瀬正和「正倉院佐波理のX線分析調査」（『文化財探査の手法とその実際』一九九九年　真陽社）、同『正倉院宝物の素材』日本の美術四三九（二〇〇二年　至文堂）
（5）東野治之氏より教示をえた。
（6）「用語解説」（『第六十九回「正倉院展」目録［平成二十九年度］二〇一七年　奈良国立博物館』）
（7）平成二十七年度科学研究費補助金（基盤A）「五～九世紀東アジアの金銅仏に関する日韓共同研究」（研究代表者　藤岡穣）の関連作品調査で両鏡について蛍光X線分析調査を行った。
（8）平尾良光「法隆寺献納宝物水瓶の蛍光X線分析法による材質の調査」（『法隆寺献納法物特別調査概報XⅢ　水瓶』（一九九三年　東京国立博物館）
（9）松本伸之「法隆寺献納宝物の水瓶について」（註(8)前掲書所収）
（10）成瀬正和註(4)前掲書
（11）玄奘『大唐西域記』巻第一三七（水谷真城訳）中国古典文学大系二二巻（一九七一年　平凡社）
（12）段成式『酉陽雑俎』続集巻五（今村与志雄訳）東洋文庫四〇一（一九八一年　平凡社）
（13）早川泰弘「法隆寺献納宝物の蛍光X線分析結果」（『法隆寺献納法物特別調査概報XXV　供養具二』（二〇〇五年　東京国立博物館）
（14）木内武男「法隆寺献納宝物銘文集成」（『東京国立博物館紀要』一三　一九七七年）
（15）東野浩之「法隆寺献納宝物銘文釈文」（『法隆寺献納宝物銘文集成』一九九九年　東京国立博物館）
（16）東野浩之註(5)前掲書
（17）『麟角寺―軍威麟角寺　5차　발굴조사　보고사―』（二〇一一年　財団法人佛教文化研究所）
（18）三田覚之「百済の舎利荘厳美術を通じてみた法隆寺伝来の工芸作品―法隆寺献納宝物の脚付鋺と法隆寺五重塔の舎利瓶を中心に―」（『백제 사리장엄과　동아시아　불교문화』二〇一五年　国立扶余文化財研究所）

図版出典一覧

図1　正倉院事務所編『正倉院宝物七　南倉Ⅰ』一九九五年　毎日新聞社

図2、4~13、23　東京国立博物館編集・発行『法隆寺献納宝物』一九九九年

図3　国立中央博物館《金属工芸》二〇〇七年

図5・7・9・11『法隆寺献納宝物特別調査概報XIII　水瓶』一九九三年　東京国立博物館

図14　張季《河北景県封氏墓群調査記》《考古通迅》一九五七年　第一期。

図15~17『法隆寺献納宝物特別調査概報XXV　供養具二』二〇〇五年　東京国立博物館

図18・19　中央博物館《皇南大塚》二〇一〇年

図20・21　黄寿永編『石窟庵』一九九一年　河出書房新社

図22《麟角寺—軍威麟角寺 5차 발굴조사 보고사—》二〇一一年

図24　九州国立博物館編『特別展　水城・大野城・基肄城築造一三五〇年記念　古代日本と百済の交流—大宰府・飛鳥そして公州・扶余—』二〇一五年

考古学からみた新羅と古代日本の仏教文化

清水昭博

はじめに

大宝二年（七〇二）、遣唐使が三十数年ぶりに派遣された。その直後に造営された平城京を中心に栄えた天平文化には唐の影響が色濃くみられる。しかし、その一方で地理的、歴史的により近い朝鮮半島に存在した新羅との関係もより密接な関係にあったとの古代史側からの指摘もある。仏教関連では推古二十四年（六一六）新羅から仏像が贈られたとの記録（『日本書紀』）など新羅からの渡日僧や新羅学問僧の名が残り、新羅が古代日本の仏教文化に強い影響を与えたことを認識することができる。そうしたなか、本稿では、考古学の立場から古代寺院に関わる遺跡・遺構・遺物を検討し、飛鳥・白鳳・奈良時代の仏教文化、特に寺院造営という側面を中心に新羅の影響を明らかにしたいと思う。

一　飛鳥時代

六世紀中葉、百済から仏教が伝えられた（『日本書紀』、『元興寺縁起幷流記資財帳』）。伝来当初、仏教は蘇我本宗家や渡来系氏族を中心に受容された。蘇我稲目や馬子の邸宅を寺に改め、仏像を安置したとの記録（『日本書紀』）や司馬達等の坂田原草堂に関する記録が残る（『扶桑略記』）。日本において本格的に寺院造営がはじまるのは、飛鳥真神原の地で飛鳥寺の造営が着手された崇峻元年（五八八）のことであった。

飛鳥寺の造営には百済王（威徳王）が派遣した百済の僧や技術者が関与したことを記録から知ることができる（『日本書紀』、『元興寺縁起幷流記資財帳』）。飛鳥寺造営における百済の関わりは、飛鳥寺の発掘調査で確認された舎利供養具、瓦（図1）などの出土品、心礎や基壇などの形式が類似することからもうかがうことができる。[1]

また、飛鳥寺の造瓦に際して百済から渡来した造瓦工人（『日本書紀』は瓦博士と記す）とその技術が、その後の寺院造営にともなう日本の瓦づくりに大きな影響を与えたことも判明している[2]。

このように、日本の初期仏教に関わる文物には百済の影響が大きく認められるのであるが、六二〇年代を前後する時期に最初の新羅の影響をうかがうことができる。この時期の影響は大和豊浦寺、同・法隆寺若草伽藍（以下、法隆寺）等から出土する軒丸瓦の瓦当文様の意匠や製作技術に表れている（図2）。豊浦寺の瓦当文様の特徴は蓮弁の中心に鎬状の凸線を表現する点にあり（図2-1）、法隆寺の特徴は中房周囲に周溝がめぐる点にある（図2-2）。こうした特徴は新羅瓦にみられるものであり[3]（図2-3・4）、日本の初期瓦に大きな影響を与えた百済の瓦にはない特徴でもある。豊浦寺と法隆寺には異なる新羅的特徴が認められる。この点は、新羅からの意匠や技術の移入が単発的なものではなかったことを示している。

豊浦寺では金堂に飛鳥寺式軒丸瓦、講堂に船橋廃寺式軒丸瓦が使われていることから、新羅系（豊浦寺式）の瓦は、残る主要堂塔である塔（未確認）を中心に所用された可能性が高い[4]。そうとすれば、蘇我本宗家が造営する豊浦寺塔の造営段階で新羅の新たな技術が採用されたということになる。

一方、法隆寺では創建時の補足瓦や塔所用瓦に新羅系瓦が採用されており[5]、法隆寺でも塔の造営段階で新羅の影響があったことがわかる。法隆寺は塔心礎が百済に一般的な地下式でなく地上式とみられる点も、皇龍寺（図3）など新羅寺院に多く確認できる要素であり[6]、塔心礎納置法についても新羅の影響が認められる。塔所用瓦が新羅系であることと合わせ、法隆寺塔の造営に新羅の寺院造営技術が大きく関わった状況を想定することができる。

ところで、豊浦寺の新羅系瓦（図2-1など）の多くは山背隼上り窯で生産された瓦であることが判明している[7]。隼上り窯からは五種類の新羅系軒丸瓦が出土しているが[8]（図2-5・6など）、そのうち四種類の瓦が豊浦寺に供給されているのである（図2-5など）。高田貫太は隼上り窯の軒丸瓦の瓦当文様、製作技術を詳細に検討し、その系譜を新羅王宮である月城に求めた[9]（図2-3）。高田のいうように豊浦寺の新羅系瓦の文様や技術が新羅王宮である月城に系譜があるとすれば、飛鳥寺造営時、百済が造寺工を派遣したのと同様、日本と新羅間の国家間の仏教的交流を背景として工人が派遣されたということになろう。

また、豊浦寺への供給が確認されない残りの一種類（図2-6）と同笵の軒丸瓦が山背北野廃寺で出土しており（図2-7）、同廃寺の瓦は近在の幡枝元稲荷窯で生産されたことが明らかになっている[10]（図2-8）。葛野秦寺に比定される北野廃寺は新羅系渡来氏族である秦氏による造営であり[11]、新羅との関係をみることができる。さらに、豊浦寺の新羅系瓦と同笵の瓦が出土する和泉秦廃寺の造営氏族も秦勝氏と考えられており[12]、ここにも新羅系瓦と秦氏の関係をみることができる。

『日本書紀』によると、推古三十一年（六二三）に新羅の使者が来日し、仏像一具・金塔・舎利・大灌頂幡一具・小灌頂幡十二条を贈ったという。この贈物は新羅の真平王が聖徳太子の追善のためにおこなったものとみられる[13]。その後、仏像は葛野秦寺、金塔、舎利などは難波の四天王寺に納められたというが、新羅系の瓦が聖徳太子や秦氏が建立した寺院に採用されたことと符合する。

以上、考古資料のうえでは六二〇年代を前後する時期に仏教建築

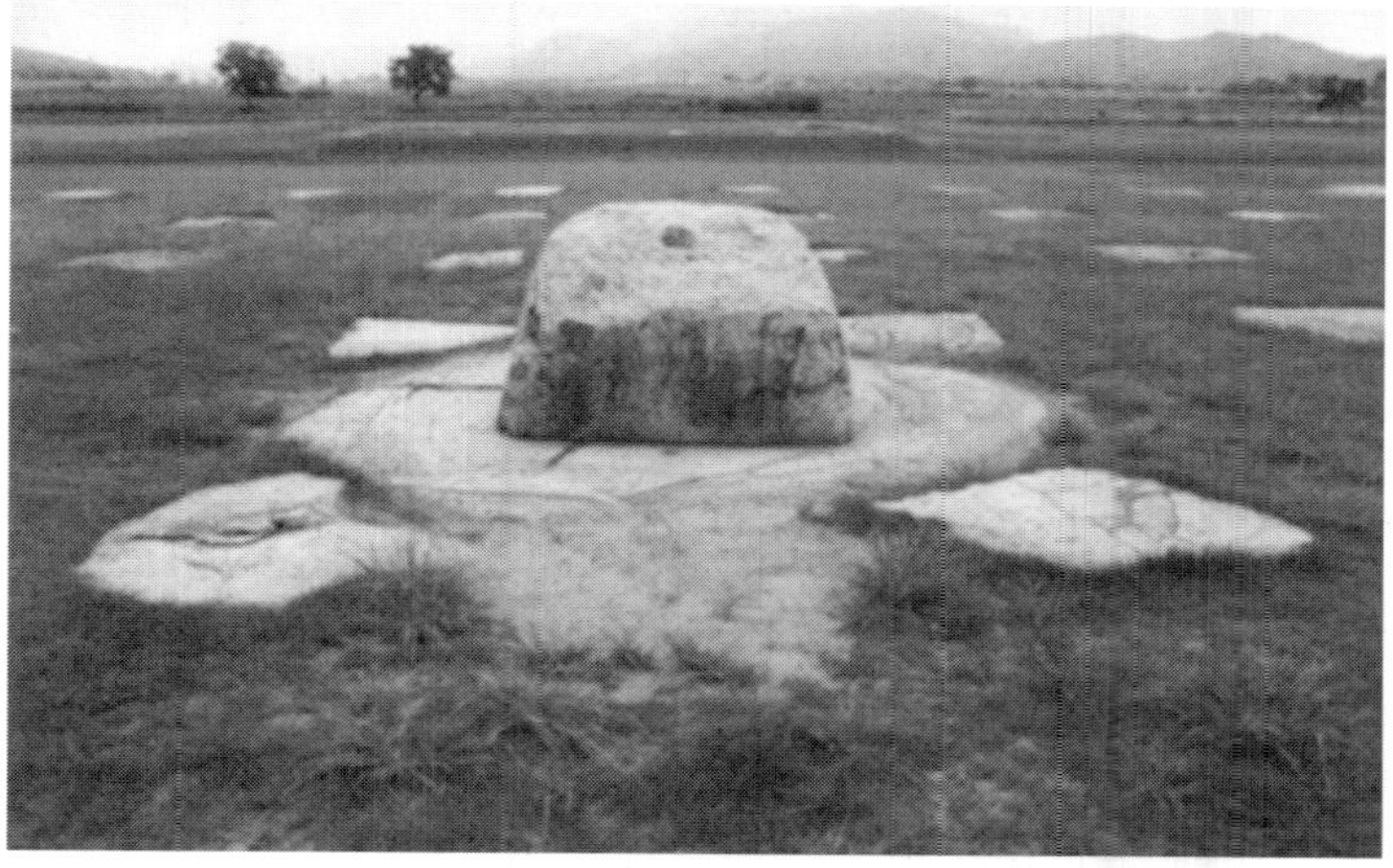

図３　新羅・皇龍寺塔心礎

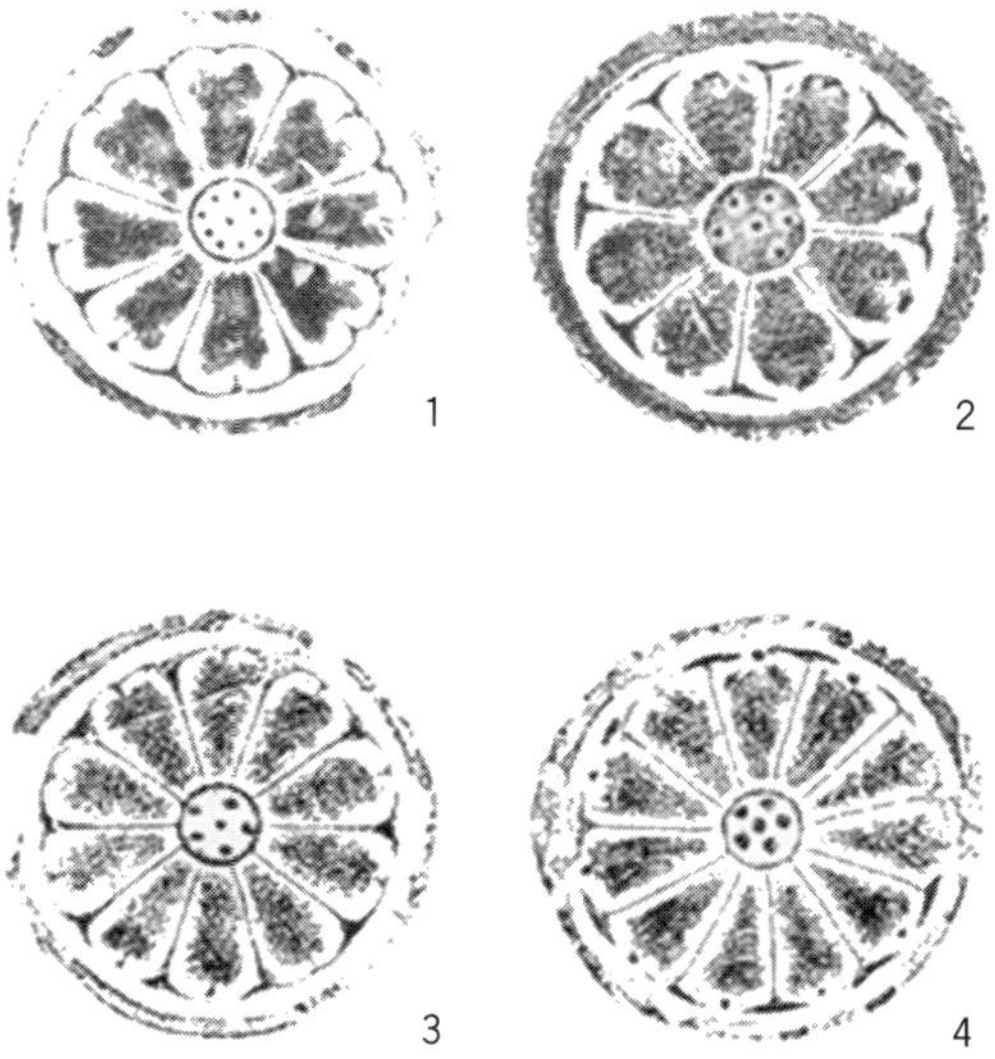

1　百済・扶蘇山城　　2　百済・大通寺
3　飛鳥寺「花組」　　4　飛鳥寺「星組」

図１　百済と飛鳥寺の瓦

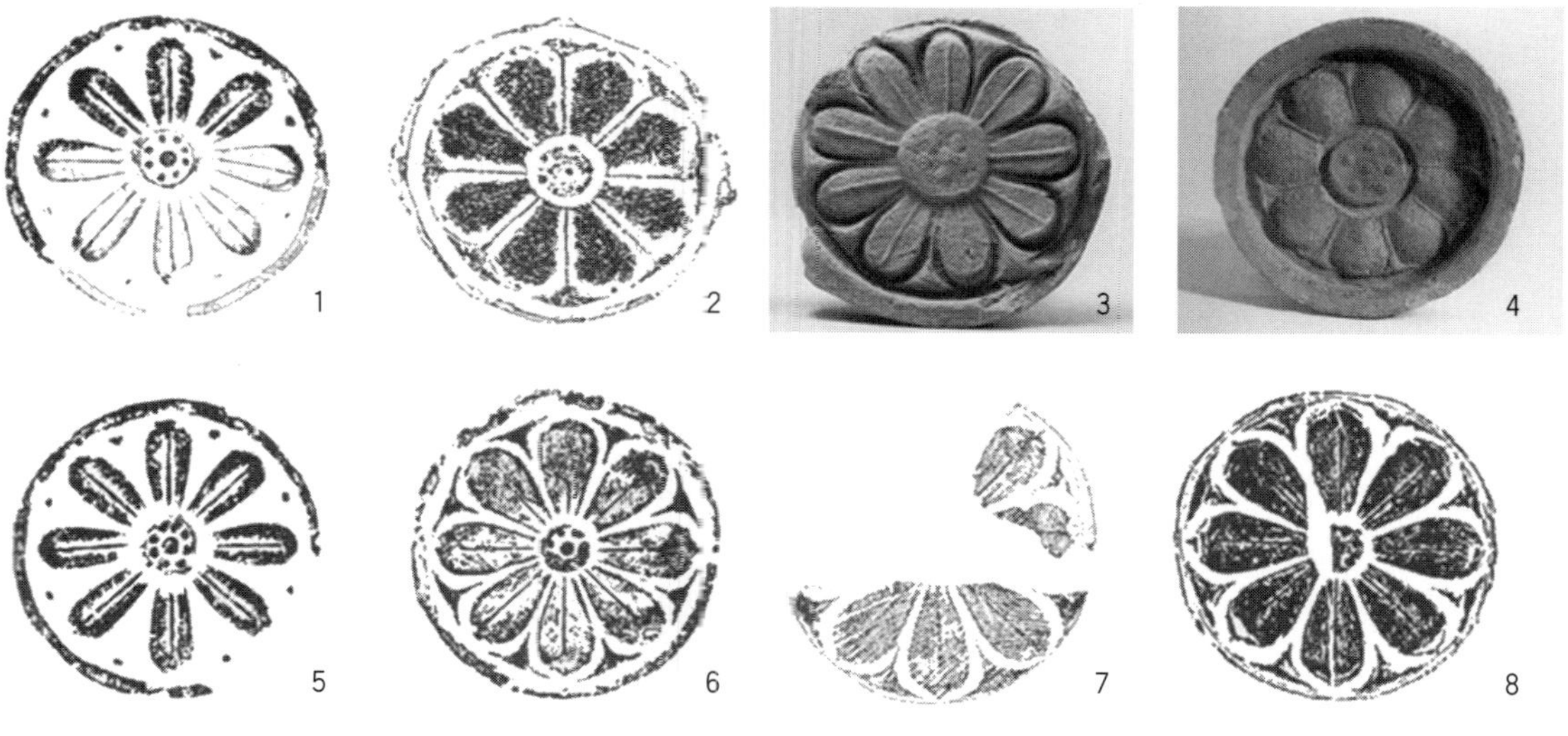

1　豊浦寺ⅣA　　2　法隆寺 6B　　3　新羅・月城　　4　新羅・興輪寺跡
5　隼上り窯 A　　6　隼上り窯 D　　7　北野廃寺　　8　幡枝元稲荷窯

図２　新羅と飛鳥時代の瓦

の一要素である瓦に新羅の影響をうかがうことができる。こうした状況について、飛鳥寺の造営に関わる百済からの技術者の渡来のように、新羅から技術者がやって来たという記録は残らないが、この時期に新羅から新しい技術をもった人々がやってきたとみて間違いないであろう。また、その技術を享受したのが蘇我本宗家や上宮王家が主体となって造営した寺院であり、その系譜が新羅王宮に求められるということは、新羅の寺院造営技術が日本と新羅の国家的な交流のなかでもたらされたことを示していると考えられよう。

なお、豊浦寺や法隆寺の他にも新羅の影響を受けた瓦を全国に確認することができる。瓦当文様にみられる新羅の要素を分析した森郁夫の研究を参考にすると、新羅の特徴をもつ瓦は大和、河内、播磨、備前、備後、筑前、築後、近江、信濃、甲斐、越前、越中、加賀、下総などに分布する。[14] すべての瓦の時期を特定することは困難であり、中央からの二次的派生も考慮しなければならないが、統一以前の新羅の要素をもった瓦が全国的に分布することは間違いなく、この時期、新羅から地方へ直接的に寺院造営技術が伝播する形もあったことがわかる。

二　白鳳時代

斉明六年（六六〇）、日本の初期仏教に大きな影響を与えた百済が滅亡する。その後の白村江の戦い（天智二年＝六六三）、高句麗の滅亡（天智七年＝六六八）を経て、新羅は唐の協力のもとで朝鮮半島の統一を果たす。こうした政治的状況のなか、多くの百済人が日本に亡命したことが記録からうかがえ（『日本書紀』）、また、多くの考古資料が示すところでもある。寺院関係では百済特有の基壇形式である瓦積基壇が日本で流行するのもこの時期である。[15] また、川原寺に始まる複弁蓮華文軒丸瓦（図4-1）の意匠の起源を唐に求める意見も強いが（図4-2）、百済に系譜を求めることができる可能性もあると[16]（図4-3）、百済・金剛寺例などの存在をみると[16]（図4-3）、百済に系譜を求めることができる可能性もある。

しかし、その後、新羅は領土問題のなかで唐と対立し、その反面、日本との関係は良化する。日本と唐の関係も疎遠となり、大宝二年（七〇二）まで遣唐使は途絶える。一方、新羅との関係は密になり、復交後、遣新羅使十回、新羅使二十五回と頻繁な交流がおこなわれ、[17] そうした状況のなか新羅との文化的交流は活発化し、新羅文化の大きな波が押し寄せる。

七世紀後半、瓦当文様に変化が訪れる。六六〇年代に登場した川原寺に代表される複弁蓮華文軒丸瓦の外区に連珠文を加えた文様が、天武九年（六八〇）に皇后の病気平癒を祈って発願された本薬師寺で採用されるのである（図4-4）。また、組み合う軒平瓦は主文である唐草文の周囲に連珠文を施し、軒丸瓦との統一を図っている。連珠文は唐の瓦にもみられる東アジア共通の意匠ではあるが、本薬師寺の連珠文は新羅から将来された意匠とみてよいであろう（図4-5）。その後、本薬師寺で成立した瓦当文様は藤原宮の瓦当文様の基本となり、さらに奈良時代の瓦当文様の中心となる平城宮の軒瓦に継承されることになる。

新羅系の瓦は中央だけでなく、地方にも広く分布する。森郁夫の研究を参考にすると、大和、河内、山背、紀伊、近江、播磨、備前、筑前などで新羅系瓦を確認することができる。[18] 上野廃寺では軒丸瓦、軒平瓦に連珠文を表わすだけでなく、軒平瓦の製作に「包み込み」

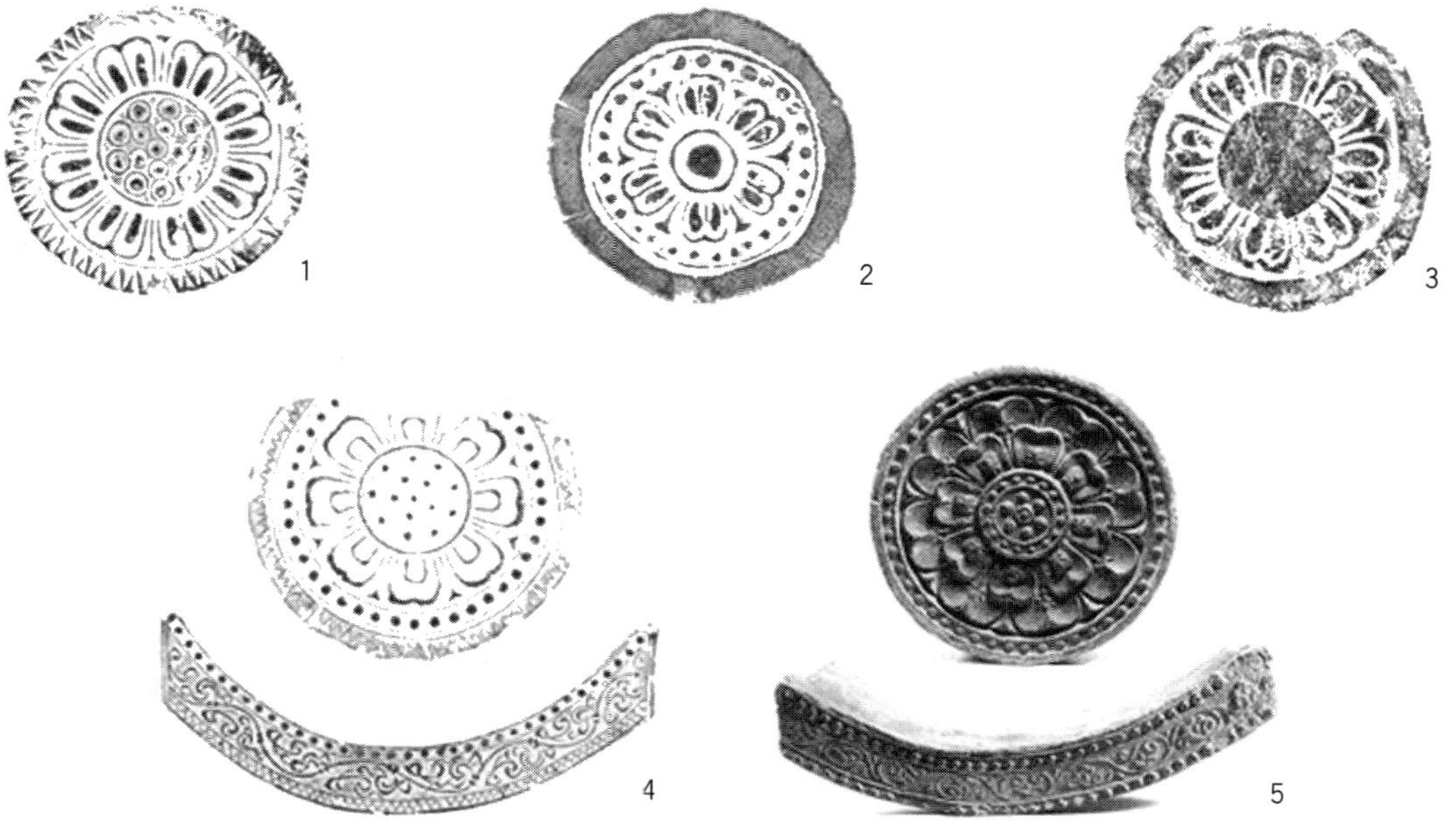

1　川原寺　　2　唐・大明宮含元殿　　3　百済・金剛寺跡
4　本薬師寺　　5　新羅・雁鴨池

図４　統一新羅と白鳳時代の瓦

技法を採用しており[19]（図５）、文様、製作技法の両面で新羅の影響がうかがえ、中央を経由しない新羅との直接的なつながりを想定することができる。

　この時期、伽藍配置にも新羅の影響をうかがうことができる。これは前代にはない事象である。六世紀末の飛鳥寺造営以降、日本では飛鳥寺式、四天王寺式、法隆寺式、法起寺式、川原寺式などの伽藍配置が出現、盛行した[20]。そうしたなかで七世紀後半に新羅の双塔式伽藍の影響を受けた薬師寺式伽藍配置が出現するのである（図６

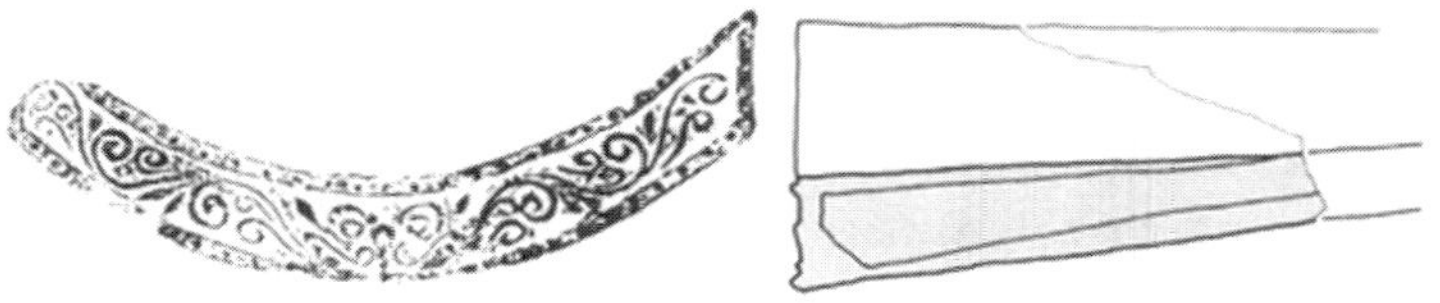

図５　上野廃寺の軒平瓦にみられる包み込み技法

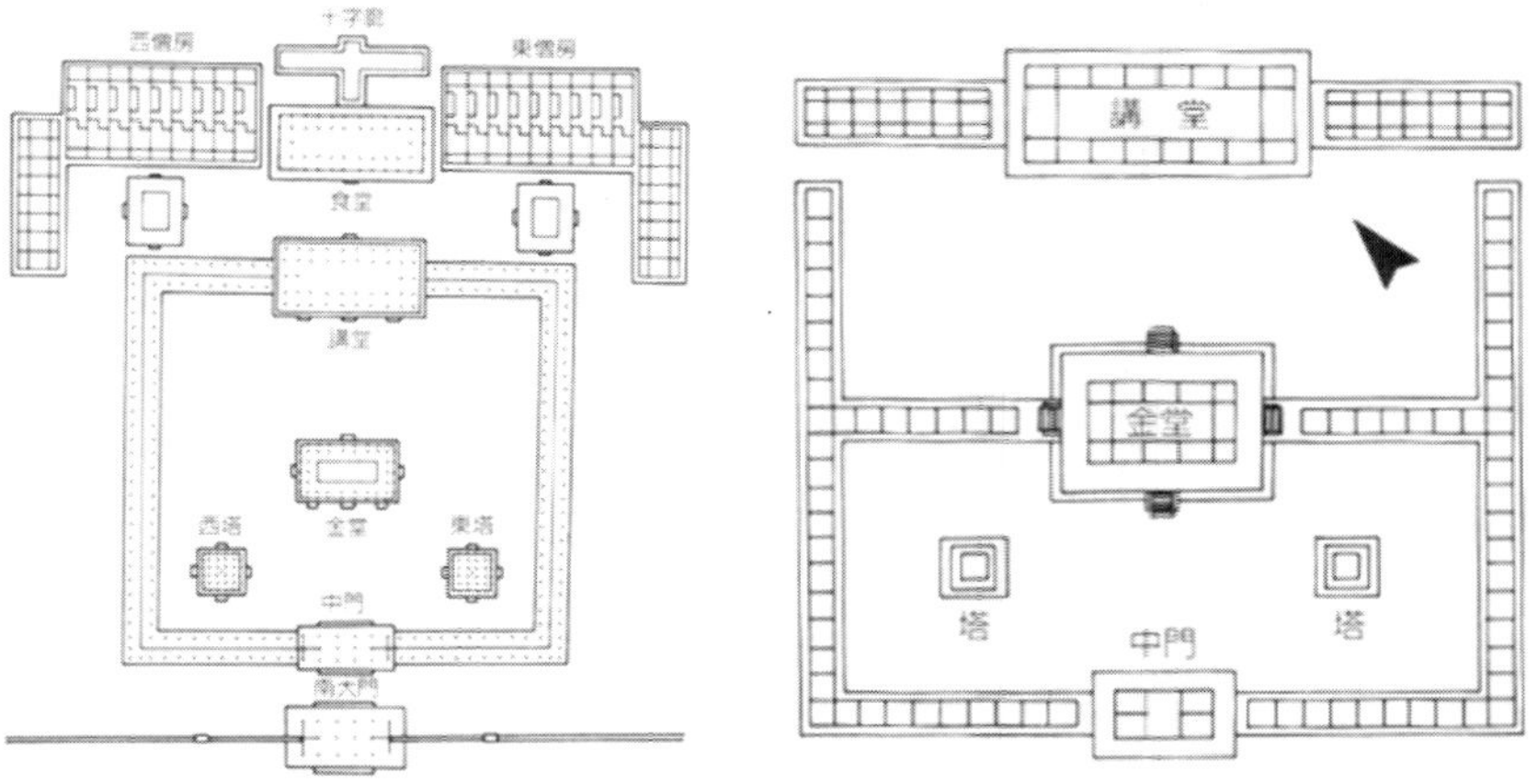

1　薬師寺　　2　新羅・感恩寺

図６　薬師寺と新羅・感恩寺の伽藍配置

−1）。双塔式伽藍配置は四天王寺、望徳寺、感恩寺（図6−2）など統一新羅時代の寺院に散見される伽藍配置であり[21]、日本の薬師寺式伽藍配置の源流が新羅にあることは間違いない。

特に、本薬師寺の双塔式伽藍は新羅第三一代神文王の開耀二年（六八二）に完成した感恩寺（韓国慶尚北道月城郡陽北面）と造営年代が近いことに合わせ、堂塔配置の比率が近似することから、感恩寺の具体的な情報がもたらされ、その情報をもとに造営されたと考えられる[22]。

薬師寺では金堂の発掘調査で裳階用礎石が確認され、小型の裳階用軒瓦が出土している[23]。本薬師寺でも裳階用軒瓦が確認され（図7）、金堂と東西両塔に裳階が存在したことが明らかになっている[24]。新羅においても四天王寺で薬師寺同様、裳階が存在し、裳階用軒瓦が製作された可能性が指摘されている[25]。そうであるとすれば、本薬師寺と新羅との関係は瓦や伽藍配置だけでなく、建物構造にまで及んだことになる。

本薬師寺と共通点をもつ新羅寺院の感恩寺は文武王・神文王、四天王寺は文武王による新羅の護国寺院である。そうした寺院の情報や技術が本薬師寺に採用された背景に国家間の仏教的交流があったとみてよいであろう。

新羅の双塔式伽藍の影響のもとに成立した薬師寺式伽藍配置をもつ寺院は地方にも存在する。河内百済寺、同・善正寺、紀伊上野廃寺、豊後弥勒寺、常陸新治廃寺、丹波三塚廃寺、播磨奥村廃寺などである。ただ、双塔式といっても上野廃寺（図8）や新治廃寺のように塔以外の堂宇の配置が本薬師寺とは異なるものも多く、双塔式伽藍配置が日本に伝わった経路が単一でなかったことを暗示する。

図9　新羅・四天王寺西塔跡

図7　本薬師寺の裳階用軒瓦

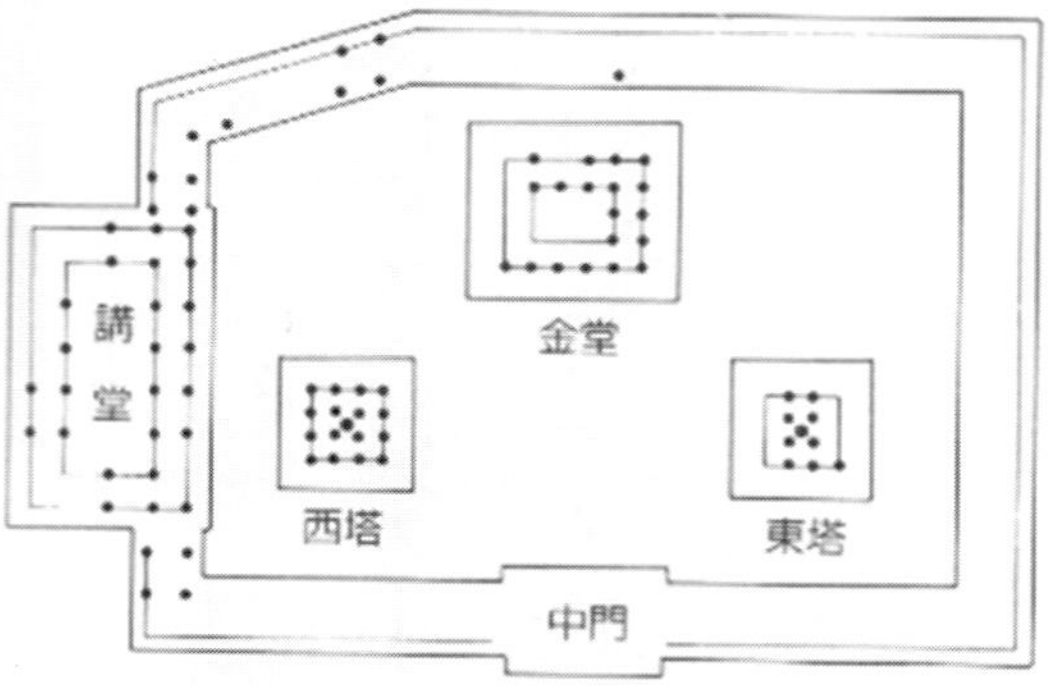

図8　紀伊上野廃寺の伽藍配置

この点は、地方の瓦に中央を経由しない新羅系瓦が存在することと符合する。河内百済寺、善正寺、上野廃寺、奥村廃寺の造営主体は各々、百済王氏、船連氏、三間名干岐、漢部・漢人集団とった渡来系氏族であると推定され[26]、新羅系の双塔式伽藍配置が渡来系氏族の造営した寺院を中心に広く採用された様子をうかがうことができる。

その他、瓦や伽藍配置以外に新羅からの影響が想定できる寺院造営技術に基壇構築技術がある[27]。基壇を構築する技術では百済に由来する異なる土同士を突き固めて構築する版築が一般的であり、飛鳥寺の造営以降、日本でも普及することになる。日本の版築技法は百済に由来するものであるが、新羅では版築とは異なる礫と土を交互に重ねる基壇構築法がみられ（図9）、同様の技法が大和和田廃寺の塔跡にも認められるという[28]。和田廃寺塔跡の造営年代は七世紀後半とみられ、こうした基壇構築技術も七世紀後半に新羅からもたらされた新たな寺院造営技術といってよいであろう。

三　奈良時代

奈良時代、遣唐使を媒介とする唐との交流は十年に一度の割合で続けられており[29]、唐文化が大きく流入する時代であった。しかし、地理的、歴史的により近い朝鮮半島に存在した新羅との関係のほうがはるかに密接であったとの古代史側の指摘がある[30]。確かに瓦などの考古資料においても前代に引き続き、新羅の影響をうかがうことができる。八世紀前半の例としては、平城宮に始まる鬼面文鬼瓦や平城宮所用の外区に唐草文をめぐらせた軒丸瓦（図10-1・2）がある。

しかし、平城遷都にともなって京内に造営された大寺の瓦には新羅からの直接的な影響をうかがうことはできない。むしろ、薬師寺や興福寺などでは前代の意匠を踏襲する傾向にあるともいえる。八世紀後半の例としては平城宮東院の重弁軒丸瓦と均整唐草文軒平瓦（六七六〇型式）がある。後者の唐草文が両脇から中心部に向かって展開する形態は統一新羅の軒平瓦の大きな特徴であり（図10-4）、新羅の影響とみることができる（図10-3）。ただ、八世紀前半期同様、瓦という限られた資料を通してみると、寺院造営技術に対する新羅の影響がさほど大きくみられない状況を予測することができる。

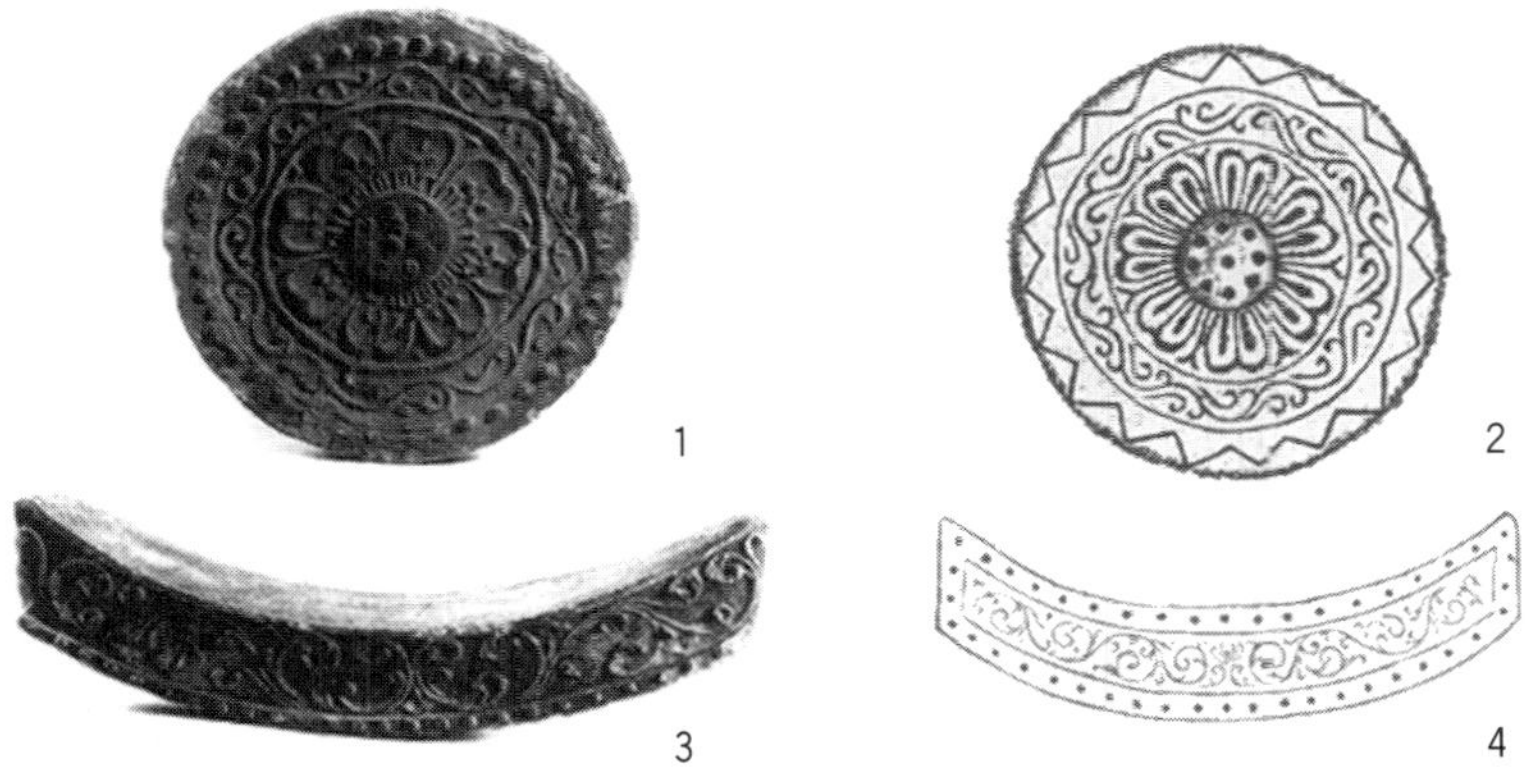

1・3　新羅・雁鴨池　　　　2・4　平城宮

図10　統一新羅と奈良時代の瓦

このような奈良時代の状況は必ずしも新羅との関係が希薄であったということを示しているわけではない。奈良時代には前代よりも国内の瓦生産が安定し、加えて、瓦そのものに対する嗜好も安定化するなかで、新たな意匠を他国に求めず、自国で意匠の再生産がおこなわれた結果であると推測する。東大寺式軒瓦もその好例であろう。

ただ、地方に目を転ずると、全国に造営された国分寺のなかには新羅の影響を受けた瓦がみられる[31]。出雲国分寺は外区に唐草文を配する軒丸瓦、四葉の花文をならべる軒平瓦を採用するが（図11－1）、類例が確認できる新羅の影響とみてよい。下野国分寺の軒丸瓦も外区に唐草文を配し、軒平瓦も両脇から中心部に向かって展開する新羅的特徴をもつ（図11－2）。下総国分寺には宝相華文の軒丸瓦と軒平瓦があり（図11－3）、新羅四天王寺などに類例を求めることができる（図11－4）。下総国分寺の宝相華文軒平瓦には包み込み技法とみられるものがあり[32]、技術の面でも新羅とつながる可能性をもつ。

国分寺の新羅系瓦をみると、八世紀後半には中央よりもむしろ地方に新羅の影響が強くみられることがわかる。亀田修一が指摘するように、出雲や下野は前代に考古資料や文献史料から朝鮮半島のとの関わりが深い地域ことが推測できる地域であり[33]、そうした地域独自の歴史的背景のなかで新羅から直接、各地域に寺院造営技術がもたらされる場合もあったことを理解することができる。

奈良時代、平城京内の大寺の伽藍配置も変化する。その最大の特徴は大安寺、東大寺、法華寺、西大寺などのように東西両塔を独立させ、金堂院の外に塔院を置く形式が出現する点にある。そうした形式を採用した最も古い寺院は霊亀二年（七一六）に造営された大

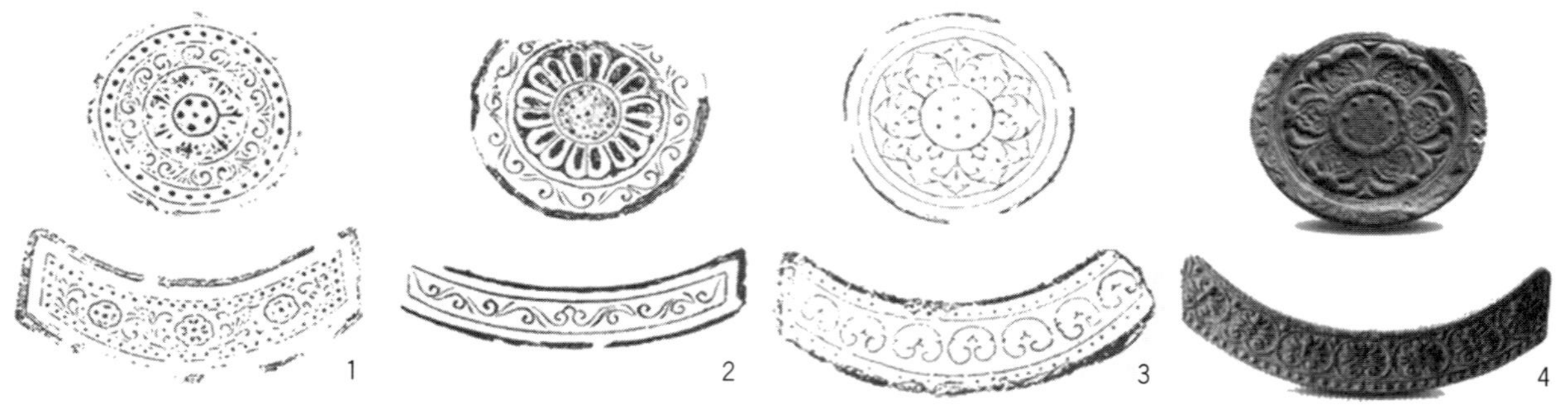

1　出雲国分寺　　2　下野国分寺　　3　下総国分寺　　4　新羅・四天王寺

図11　国分寺と統一新羅の瓦

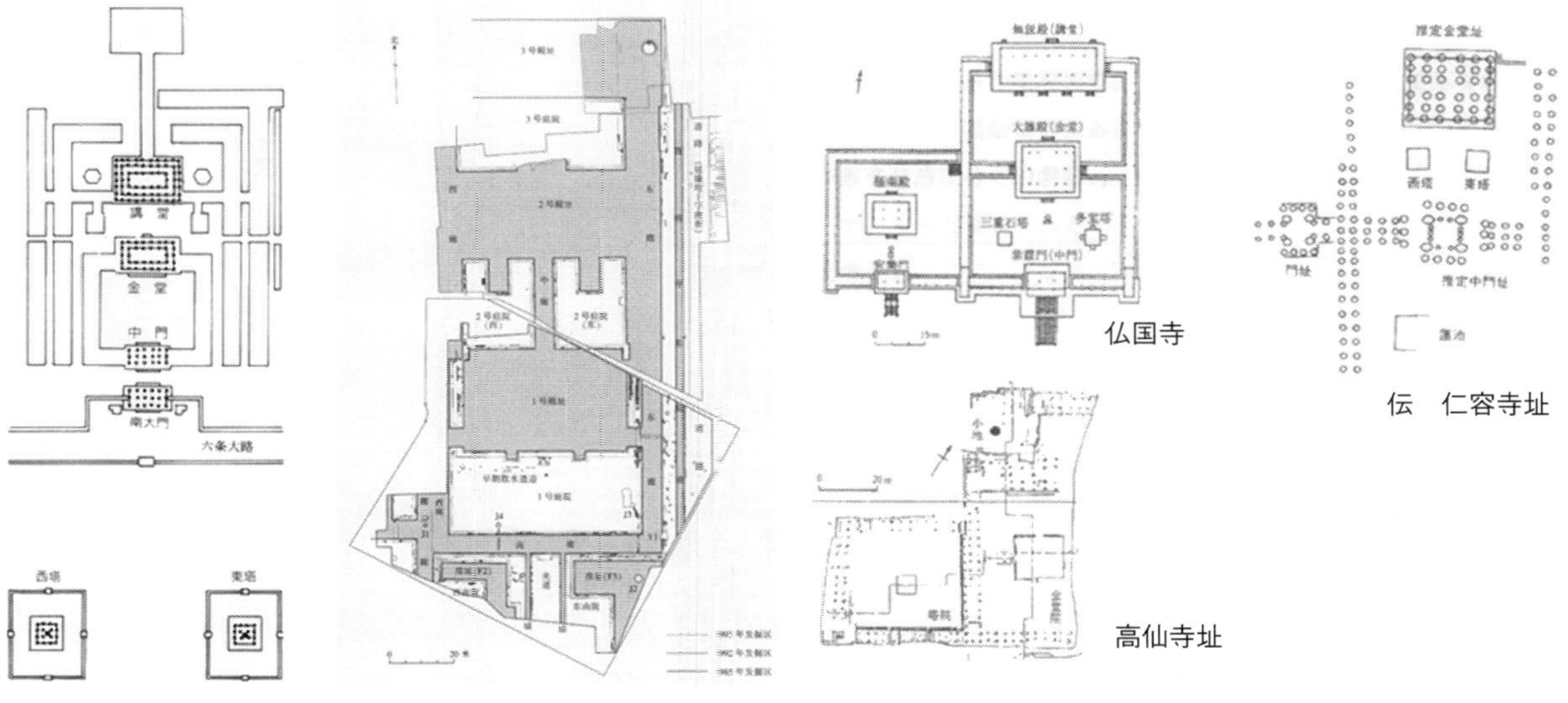

1　大安寺　　2　唐・西明寺　　3　統一新羅寺院

図12　大安寺と唐・統一新羅寺院の伽藍配置

安寺である（図12-1）。大安寺の伽藍については大安寺の造営に関与した道慈（養老二年に唐から帰国）のもと、唐長安の西明寺に倣ったものとの見方もあるが（『扶桑略記』）、発掘調査で明らかになりつつあるその伽藍は大安寺とは異なる[34]（図12-2）。

そうしたなかで注目されるのが新羅に複数の院により伽藍を構成する寺院がみられることである（図12-3）。こうした寺院は古くは仏国寺のみが知られていたが、高仙寺や伝仁容寺でも同様の伽藍が確認できる[35]。特に、高仙寺は金堂を配した金堂院と独立した塔のみの塔院が存在し、奈良時代の塔院と共通する。八世紀前半、新羅で採用された複数院形式の伽藍配置が平城遷都にともなう寺院造営を契機として日本で採用された可能性もあろう。記録によれば、七世紀末～八世紀初頭の時期に多くの新羅学問僧が帰国している[36]。そうした僧によって新しい新羅の伽藍に関する情報が将来されたのであろうか。

おわりに

以上、考古学の立場から飛鳥・白鳳奈良時代の寺院に関わる遺跡・遺構・遺物を検討した。その結果、飛鳥時代以降、連綿と続く新羅の影響を改めて確認することができた。ただ、考古資料を見る限り、その影響には強弱があったとみられる。飛鳥時代、百済から仏教が伝えられ、仏教に関わる様々な思想や文物を百済から学んだ。しかし、六二〇年代ころに新羅の影響が瓦や造塔方式に表れている。その技術を享受したのが蘇我本宗家や上宮王家が主体となって造営した寺院であり、その系譜が新羅王宮に求められるということは、新羅の寺院造営技術が日本と新羅の国家的な交流のなかでもたらされたことを示していると考えられよう。

白鳳時代、本薬師寺と感恩寺の伽藍の類似に象徴されるように、国家間の仏教的交流があったとみてよい。その点は、多くの新羅学問僧の存在からもわかる。[37] その背景には天智八年（六六九）から大宝二年（七〇二）に至る三十余年の間、遣唐使が派遣されなかったという要因があるのであろう。この時代、日本仏教は新羅から多くを学んだ。その結果が双塔式伽藍配置や瓦、建築構造、基壇構築技術などに表れているといってよい。

奈良時代、日本の文物や文化に新羅伝来と推定できるものが少なからず認められ、その背景に奈良仏教に与えた新羅仏教の影響を指摘できるという。[38] 大安寺をはじめとする平城京の大寺で採用された複数院形式の伽藍配置も新羅に起源する可能性があろう。ただ、寺院造営技術という側面では前代に比して新羅の影響はさほどみられなくなる。しかし、それは新羅との交流を否定するものでなく、そうした技術を飛鳥、白鳳時代を通じて百済や新羅、唐から学んだ結果、ようやく自国で技術の再生産が可能となったことを示しているものと判断する。

（しみず　あきひろ・帝塚山大学教授）

註

（1）奈良国立文化財研究所『飛鳥寺発掘調査報告』（奈良国立文化財研究所学報第五冊、一九五八年）飛鳥寺の創建瓦（図1-3・4）に類似した瓦を百済の瓦に確認することができる（図1-1・2）。

（2）清水昭博『古代日韓造瓦技術の交流史』（清文堂出版、二〇一二年）など。

（3）森郁夫「瓦当文様に見る古新羅の要素」（『畿内と東国の瓦』京都国立博物館、一九九〇年）の二一五頁

（4）花谷浩「飛鳥寺・豊浦寺の創建瓦」（『古代瓦研究Ⅰ』古代瓦研究会編、奈良国立文化財研究所、二〇〇〇年）の二六頁

（5）毛利光俊彦・佐川正敏・花谷浩『法隆寺の至宝一五（瓦）』（法隆寺昭和資財帳編集委員会編、小学館、一九九二年）

（6）奈良文化財研究所編『韓中日古代寺院址比較研究（一）―木塔址編―（日本語版）』（奈良文化財研究所・国立扶余文化財研究所、二〇一七年）の二三八頁

（7）花谷浩「豊浦寺の高句麗系軒丸瓦」（『古代瓦研究Ⅰ』古代瓦研究会編、奈良国立文化財研究所、二〇〇〇年）の二二四頁

（8）宇治市教育委員会『隼上り瓦窯跡発掘調査概報』（宇治市埋蔵文化財発掘調査概報第三集、一九八三年）清水昭博『古代日韓造瓦技術の交流史』（清文堂出版、二〇一二年）の五五頁、高田貫太「瓦からみた七世紀の日羅関係についての予察」（『国立歴史民俗博物館研究報告』第一六七集、国立歴史民俗博物館、二〇一二年）の四二頁

（9）高田貫太「瓦からみた七世紀の日羅関係についての予察」（『国立歴史民俗博物館研究報告』第一六七集、国立歴史民俗博物館、二〇一二年）の四六頁

（10）鈴木久男「北野廃寺瓦窯について」（『歴史考古学を考える―古代瓦の生産と流通―』帝塚山考古学研究所、一九八七年

（11）関口力・高橋潔「山背国時代の寺院」（『平安京提要』㈶古代学協会・古代学研究所編、角川書店、一九九四年）四三五頁

（12）近藤康司「和泉の渡来系氏族と古代寺院」（『渡来系氏族と古代寺院』歴史考古学研究部会第一〇〇回記念、帝塚山考古学研究所、一九九四年）の六四頁

（13）田村圓澄『古代朝鮮仏教と日本仏教』（吉川弘文館、一九八〇年）の七六頁

（14）森郁夫「瓦当文様に見る古新羅の要素」（『畿内と東国の瓦』京都国立博物館、一九九〇年）の二一九頁

（15）網伸也「日本における瓦積基壇の成立と展開」（『日本考古学』一二巻二〇号、日本考古学協会、二〇〇五年）

（16）清水昭博『古代朝鮮の造瓦と仏教』（帝塚山大学出版会、二〇一三年）の四八頁

(17) 鈴木靖民『古代日本の東アジア交流史』（勉誠出版、二〇一六年）の二二五頁

(18) 森郁夫「瓦当文様に見る古新羅の要素」（『畿内と東国の瓦』京都国立博物館、一九九〇年）の二一九頁

(19) 藤井保夫「紀伊の川原寺式軒瓦」（『古代瓦研究Ⅲ―川原寺式軒瓦の成立と展開―』奈良文化財研究所、二〇〇九年）の一二四頁

(20) 森郁夫『日本古代寺院造営の研究』（法政大学出版会、一九九八）の七七頁

(21) 山田隆文「新羅金京の坊里と寺院伽藍」（『帝塚山大学考古学研究所研究報告XⅧ』帝塚山大学考古学研究所、二〇一六年）の一一四頁

(22) 岡田英男「薬師寺と感恩寺」（『薬師寺発掘調査報告』学報第四五冊、奈良国立文化財研究所、一九八七年）の二二四頁、森郁夫『日本古代寺院造営の研究』（法政大学出版会、一九九八年）の一〇三頁

(23) 奈良国立文化財研究所『薬師寺発掘調査報告』（学報第四五冊、一九八七年）

(24) 花谷浩「本薬師寺の発掘調査」（『佛教芸術』二三五号、毎日新聞社、一九九七年）

(25) 高田貫太「瓦からみた七世紀の日羅関係についての予察」（『国立歴史民俗博物館研究報告』第一六七集、国立歴史民俗博物館、二〇一二年）の五六頁

(26) 上田睦「河内・和泉の寺院と古墳」（『季刊考古学』六〇号（特集 渡来系氏族の古墳と寺院）、雄山閣、一九九七年）の三二頁の表一、小谷徳彦「紀伊と大和の同笵瓦―新資料を中心にして」（『紀伊考古学研究』第四号、紀伊考古学研究会、二〇〇一年）の五七頁、寺岡洋「播磨の新羅系及び傍系の軒丸瓦」（『東アジア瓦研究』第四号、東アジア瓦研究会、二〇一五年）の三四頁

(27) 青木敬『土木技術の古代史』（歴史文化ライブラリー四五三、吉川弘文館、二〇一七年）

(28) 青木敬『土木技術の古代史』（歴史文化ライブラリー四五三、吉川弘文館、二〇一七年）の一五一頁

(29) 鈴木靖民『古代日本の東アジア交流史』（勉誠出版、二〇一六年）の一八七頁

(30) 鈴木靖民『古代日本の東アジア交流史』（勉誠出版、二〇一六年）の一八八頁

(31) 亀田修一「国分寺造営と渡来系技術」（『季刊考古学』一二九号（特集 王権擁護の寺・国分寺）、吉川弘文館、二〇一四年）の六四頁

(32) 亀田修一「国分寺造営と渡来系技術」（『季刊考古学』一二九号（特集 王権擁護の寺・国分寺）、吉川弘文館、二〇一四年）の六四頁

(33) 亀田修一「国分寺造営と渡来系技術」（『季刊考古学』一二九号（特集 王権擁護の寺・国分寺）、吉川弘文館、二〇一四年）の六六頁

(34) 中国社会科学院考古研究所編『青龍寺与西明寺』（中国田野考古報告集、文物出版社、二〇一五年）の一二一頁

(35) 山田隆文二〇一六「新羅金京の坊里と寺院伽藍」（『帝塚山大学考古学研究所研究報告XⅧ』帝塚山大学考古学研究所、二〇一六年）の一一五頁

(36) 田村圓澄『飛鳥・白鳳仏教史』（吉川弘文館、一九九四年）の一一二頁

(37) 田村圓澄『飛鳥・白鳳仏教史』（吉川弘文館、一九九四年）の一一二頁

(38) 鈴木靖民『古代日本の東アジア交流史』（勉誠出版、二〇一六年）の一九四頁

図版出典

図1-1 亀田修一「朝鮮半島における造瓦技術の変遷」（『古代東アジアにおける造瓦技術の変遷と伝播』科学研究費補助金（基盤研究A）研究成果報告書）図六-三

1-2 亀田修一「朝鮮半島における造瓦技術の変遷」（『古代東アジアにおける造瓦技術の変遷と伝播』科学研究費補助金（基盤研究A）研究成果報告書）図六-二

1-3 花谷浩「飛鳥寺・豊浦寺の創建瓦」（『古代瓦研究Ⅰ』古代瓦研究会編、奈良国立文化財研究所、二〇〇〇年）第一四図

1-4 花谷浩「飛鳥寺・豊浦寺の創建瓦」（『古代瓦研究Ⅰ』古代瓦研究会編、奈良国立文化財研究所、二〇〇〇年）第一五図

図2-1 花谷浩「豊浦寺の高句麗系軒丸瓦」（『古代瓦研究Ⅰ』古代瓦研究会編、奈良国立文化財研究所、二〇〇〇年）第九七図

2-2 花谷浩「斑鳩寺の創建瓦」（『古代瓦研究Ⅰ』古代瓦研究会編、奈良国立文化財研究所、二〇〇〇年）第五五図

2-3 国立慶州博物館『新羅瓦塼』（慶州世界遺産文化エキスポ組織員会、

二〇〇〇年）写真一三
2-4 国立慶州博物館『新羅瓦塼』（慶州世界遺産文化エキスポ組織員会、二〇〇〇年）写真三七八
2-5 杉本宏「隼上り瓦窯跡と山背の高句麗系軒丸瓦」（『古代瓦研究Ⅰ』古代瓦研究会編、奈良国立文化財研究所、二〇〇〇年）第八四図
2-6 杉本宏「隼上り瓦窯跡と山背の高句麗系軒丸瓦」（『古代瓦研究Ⅰ』古代瓦研究会編、奈良国立文化財研究所、二〇〇〇年）第八四図
2-7 網伸也「北野廃寺・広隆寺の創建瓦」（『古代瓦研究Ⅰ』古代瓦研究会編、奈良国立文化財研究所、二〇〇〇年）第三二図
2-8 杉本宏「隼上り瓦窯跡と山背の高句麗系軒丸瓦」（『古代瓦研究Ⅰ』古代瓦研究会編、奈良国立文化財研究所、二〇〇〇年）第八五図
図3 国立扶餘文化財研究所『韓中日古代寺址比較研(1)—木塔址編—』（学術研究叢書第四九集、二〇〇九年）写真二七
図4-1 花谷浩「飛鳥の川原寺式軒瓦」（『古代瓦研究Ⅲ』古代瓦研究会編、奈良文化財研究所、二〇〇九年）第一図
4-2 何歳利・龔国強・李春林「唐大明宮太液池出土瓦磚の基礎的研究」（『古代東アジアにおける造瓦技術の変遷と伝播』科学研究費補助金（基盤研究A）研究成果報告書）付図一
4-3 慶熙大学校中央博物館『百済瓦』（文様と技術に残る瓦工の姿勢、二〇一二年）Ⅳ章図面十一-二
4-4 高田貫太「本薬師寺の創建瓦」（『古代瓦研究Ⅴ』古代瓦研究会編、奈良文化財研究所、二〇一〇年）第八三・八四図
4-5 国立慶州博物館『新羅瓦塼』（慶州世界遺産文化エキスポ組織委員会、二〇〇〇年）写真一一三・一九八
図5 小谷徳彦「瓦からみた紀ノ川流域の古代寺院」（『帝塚山大学考古学研究所研究報告Ⅳ』帝塚山大学考古学研究所、二〇〇二年）第九図
図6-1 森郁夫『日本古代寺院造営の研究』（法政大学出版会、一九九八年）図三-一八
6-2 森郁夫『日本古代寺院造営の研究』（法政大学出版会、一九九八年）図三-一九
図7 花谷浩「本薬師寺の発掘調査」（『佛教芸術』二三五号、毎日新聞社、一九九七年）図八
図8 森郁夫『日本古代寺院造営の研究』（法政大学出版会、一九九八年）図三—二一

図9 国立慶州文化財研究所『四天王寺Ⅱ』（学術研究叢書八四、二〇一三年）写真五
図10-1 国立慶州博物館『新羅瓦塼』（慶州世界遺産文化エキスポ組織委員会、二〇〇〇年）写真一九三
10-2 奈良国立文化財研究所・奈良市教育委員会編『平城京・藤原京出土軒瓦型式一覧』（奈良市教育委員会、一九九六年）六三八四A
10-3 国立慶州博物館『新羅瓦塼』（慶州世界遺産文化エキスポ組織委員会、二〇〇〇年）写真二〇三
10-4 奈良国立文化財研究所・奈良市教育委員会編『平城京・藤原京出土軒瓦型式一覧』（奈良市教育委員会、一九九六年）六七六〇A
図11-1 亀田修一「国分寺造営と渡来系技術」（『季刊考古学』一二九号（特集 王権擁護の寺・国分寺、吉川弘文館、二〇一四年）図一-一・二
11-2 亀田修一「国分寺造営と渡来系技術」（『季刊考古学』一二九号（特集 王権擁護の寺・国分寺、吉川弘文館、二〇一四年）図一-六・七
11-3 亀田修一「国分寺造営と渡来系技術」（『季刊考古学』一二九号（特集 王権擁護の寺・国分寺、吉川弘文館、二〇一四年）図一-八・一〇
11-4 国立慶州文化財研究所『四天王寺Ⅱ』（学術研究叢書八四、二〇一三年）写真二六二・二八二-一
図12-1 森郁夫『日本古代寺院造営の研究』（法政大学出版会、一九九八年）図四—二五
12-2 中国社会科学院考古研究所編『青龍寺与西明寺』（中国田野考古報告集、文物出版社、二〇一五年）図六六
12-3 山田隆文「新羅金京の坊里と寺院伽藍」（『帝塚山大学考古学研究所研究報告ＸⅧ』帝塚山大学考古学研究所、二〇一六年）図五

全体討論会
「新羅仏教の思想と文化―奈良仏教への射程―」

平成二十九年（二〇一七）十一月二十六日

総合司会　吉田　叡禮（花園大学）
パネラー　李　鎭榮（龍谷大学大学院）
　　　　　佐藤　厚（専修大学）
　　　　　山本　幸男（相愛大学）
　　　　　加島　勝（大正大学）
　　　　　清水　昭博（帝塚山大学）
　　　　　崔　鈆植（韓国・東国大学校）
総括・挨拶　木村　清孝（GBS実行委員長）

進行　それでは、プログラムの最後、全体討論会を始めます。

本日、研究報告された五人の先生方に加えて、昨日、特別講話をしていただいた韓国・東国大学校の崔鈆植先生に入っていただきます。

司会とまとめを、GBSの実行委員でいらっしゃる花園大学の吉田叡禮先生にお願いしております。吉田先生は一九六九年のお生まれで、一九九二年に花園大学文学部を卒業され、一九九七年に駒澤大学博士課程を修了されました。花園大学文学部専任講師、准教授を経て、花園大学教授をされている文学博士で、ご専門は「東アジアの華厳思想」です。よろしくお願いいたします。

吉田　昨日の石井公成先生の基調講演から始まり、崔先生の特別講演、そして五名の先生方によるそれぞれのご発表を拝聴させていただきました。東大寺は、奈良時代から日本のお寺の中心的な役割を担ってきました。また、大仏さまにも象徴されるようにシルクロードの終着点でもあり、多くの文物が集まってきたお寺です。思想的な面でも、中央アジア、中国、朝鮮半島を経て多くの思想、文化が集まる場所でもありました。

当GBSは、学際的な立場で思想と考古・歴史、美術という各学問領域を超えて検討していくことを一つのコンセプトとしています。従来、思想は思想、美術は美術、考古は考古というように別々に研究されてきましたが、最近では、いろいろな学問領域を横断して知識を共有し、共に検討することで、今まで見えてこなかったものが徐々に見えてきたという研究の展開があります。それを象徴する一つの集まりがGBSです。この討論会の場では、これまでのお話を踏まえた上で、少しずつでも何かが浮き彫りになってくればと思っています。必ずしも結論を出せなくても、今後、どういう研究をしていくべきか、どういう課題があるかといった方向性が具体的になっていくのではないかと期待できると思うのです。そういったことを、ご登壇いただいた先生方に質問をさせていただいたり、補足していただいたり、また先生方でお互いに質問していただき、ディスカッションしていく中で、会場の皆さまとともに考えていきたいと思っております。どうぞよろしくお願いいたします。

　私は二十年くらい前に宋代の華厳思想を博士論文としてまとめたのですが、佐藤先生や崔先生は、その当時、学生として一緒に勉強させていただいた懐かしい研究仲間であり、この場でこうしてお話できることをうれしく思っております。李氏朝鮮時代以前の朝鮮半島の仏教については、史料が極めて少なく、明らかになっていないことが多いのですが、今では、三国時代から統一新羅時代、そして現代に至るまでの仏教思想の動向がずいぶんとはっきり見えてきました。研究が確実に進んでいることに驚きと喜びを感じております。

　さて、昨日は特別講演として崔鈆植先生に「八～九世紀における新羅華厳の動向」というお話をいただきました。

　そこでは、新羅の華厳を代表する義相（義湘：六二五～七〇二）と元暁（六一七～六八六）の両方の影響を細かい論証を踏まえて辿りながら、義相の思想は次の世代の八世紀中頃になってようやく注目されるようになったことを明らかにしてくださいました。

　義相は中国華厳宗第二祖と称される智儼のもとへ留学して華厳を新羅へ伝え、海東華厳の初祖とされていますが、崔先生のお話によりますと、義相は必ずしも帰国後すぐに尊重されたわけではなく、義相が生きた七世紀の新羅では唯識思想が強く、その唯識思想の研究は一つのブームのような形で日本にも入ってきていると考えられるほどであったため、義相が顕彰されるようになったのは次の世代に当たる八世紀中ごろになってからだったというご指摘をいただきました。つまり、義相には表訓という弟子がいて、表訓は王室との関わりが強く、仏教界の中でも重視されていて、その中で義相が顕彰されていったという情況が見えてきました。

　中国の方では「安史の乱」（七五五～七六三）を経て貴族社会が崩壊していくに伴い、九世紀になると仏教界では新たに禅が中心的な役割を担っていきますが、そういう中国の動きに韓半島が敏感に連動していたのか、韓半島においても禅がクローズアップされます。しかし、華厳も生きていて、その中では表訓以来の義相系の華厳学が王室と密接な関わりの中で脈々と受け継がれていくということをお話しいただきました。

　これを受けて李鎮榮先生のお話は「統一新羅の護塔神と道宣の『戒壇図経』」がテーマです。

　道宣（五九六～六六七）は中国唐代の人で、「四分律」という戒律を研究し、「四分律宗」の祖と位置づけられています。その道宣の考えに基づいて造られたのであろう「戒壇」の構図が新羅に見られるというお話でした。

　「戒壇」とは受戒、つまり戒律を受ける場所のことです。そもそもお坊さんかお坊さんでないかの区別は、戒律を守っているか守っていないかの前に、戒律を受けているかどうかにかかります。お坊さんになるための第一歩の場である戒壇が、どういうふうに構成されているかは仏教全体を考える上で重要です。ここ東大寺には戒壇院があり、下野の薬師寺、筑前の観世音寺と合わせて「日本三戒壇」と称されていますが、その中でも大和の東大寺が中心で、奈良時代、東大寺に来なければお坊さんには成れませんでした。その戒壇がどのような形で構成されていたかは仏教史の上でも重要です。戒壇には仏塔が設けられますが、ご講演の中では「護塔神」という戒壇の基壇で塔を守る神さまの形式を細かく紹介していただき、中国・新羅・日本の共通点と相違点を指摘していただきました。

次に佐藤厚先生は「新羅華厳教学の概要および日本華厳教学との関連」というタイトルで、元暁と義相による思想の流れを時系列に説明していただき、それぞれの特徴と日本華厳との関連をお話くださいました。

新羅の華厳思想は大きく分けて義相系と元暁系という二つの流れがあり、義相系では華厳思想を実践的な立場で究明し、中国や日本よりもコアで煩瑣な議論がなされてきたのに対し、義相とほぼ同時代の元暁は、華厳思想と『起信論』の思想を中心に据え、『起信論』の中で説かれる「一心」のもとにすべてを融合して、唯識や浄土、律をその中に包摂する大変広がりのある融合的で会通的な仏教を展開しました。東アジアの仏教全体を見ても融合思想に進んでいく動向があり、そこで元暁の思想が継承される情況が窺えます。

日本では、鎌倉時代の明恵上人に義相の思想的影響が見られることもご指摘いただきました。また、神奈川県の金沢にある称名寺の湛睿は、博学で多くの文献を書写しており、現在も見ることができるのですが、その中に現在の韓国でもよく唱えられ信仰の対象にもなっている義相の『一乗法界図』があり、これは東大寺にも所蔵されているのですが、その『一乗法界図』の写本の横には楽譜が記されていて、日本人が声に出して声明のように唱えていたことが窺えることをご紹介いただきました。

山本幸男先生には「奈良朝貴族と新羅仏教」というタイトルで、ご講演いただきました。

一般的には奈良時代の仏教は国家仏教、鎮護国家の仏教と説明されますが、個人の魂の救済も追求されていたというご指摘はたいへん興味深く拝聴させていただきました。奈良時代、在俗の人たちが仏教をどういうふうに受容していたのかについては、これまであまりはっきりとしなかったのですが、山本先生は奈良後期の貴族・淡海三船（七二二〜七八五）に着目し、淡海三船が新羅元暁の『金剛三昧経論』に意を注いでいたことをご指摘くださいました。また、唐にわたって法蔵からも華厳を学んだとされる審詳は、新羅人僧とも新羅に留学した日本人僧とも考えられていますが、奈良の大安寺に住して、良弁の要請により東大寺の前身である金鐘寺において日本で初めて『華厳経』を講義したことで知られ、日本華厳の初祖とされています。審詳はたいへんな蔵書家で、その中には元暁およびその系統の著作が圧倒的に多いというご指摘もいただきました。確かに正倉院の「編年文書」を見ましても、元暁をはじめとして、義寂とか円測といった新羅人系の人が書いた書物がたくさん見られます。その意味で、新羅の仏教が僧俗ともに奈良の仏教界に与えた影響が大きい、ということが垣間見られたわけであります。

加島勝先生からは「新羅の金属工芸品—佐波理製品と真鍮製品を手がかりに—」というタイトルでご講演いただきました。「佐波理」は現在でも引磬や錫杖などの法具に用いられる金属で、鳴らすととてもいい音がするのですが、早くから日本にも入ってきていました。「佐波理」は新羅の特産品ですが、語源はアラビア語の「サフル（Ṣufr）」からきていて、遠く中央アジアから新羅を経て日本に伝えられてきたことに驚きます。「柄香炉」などを見ますと、その形状から新羅との関連が見られるとのことでしたが、このことについては、後で補足していただければありがたいと思います。

清水昭博先生からは、「考古学からみた新羅と古代日本の仏教文化」という演題で、考古学の見地から飛鳥および白鳳時代までを俯瞰し、仏教文化、特に寺院造営の側面を中心に新羅の影響が見られることをご説明いただきました。その中で、古代の寺院に関わる遺跡、遺構、遺物について検討する中で、飛鳥時代以降、新羅が日本に連綿と影響を与えつづけてきた様子が見えてきました。

まず、崔先生に質問をさせていただきたいと思います。新羅では八世紀中ごろから義相の影響が所々にみられますが、諸先生方のお話を伺っていて、日本との関連を含めた後世に残した影響という意味では、やはり全体的には元暁の影響が強いように思われるのですが、韓国における義相と元暁の思想の流れをどう位置づけたらいいのか、そのあたりを、更に詳しくお話しいただければと思います。

崔　韓国の仏教は新羅時代、元暁が一番有名で重要です。歴史的に見ると七世紀後半から八世紀初めは元暁の影響が大きいと思います。八世紀半ば以降、義相系が勢力を振るうようになってからは義相が重視され、元暁は仏教界では忘れられたのではないかと思います。というのは元暁が還俗したこともあり、元暁の思想を継ぐ人たちが少なくなったためです。ただし元暁は有名な人物でたくさんの伝説もあり、「神僧」として尊敬されたのですが、元暁の著作が後にあまり読まれた痕跡はありません。元暁は多くの書物を書き、それらは韓国仏教界で高麗時代までは残ったのですが、朝鮮時代になると元暁の本は概ねなくなり、近代になって元暁の著作が見られるのは日本のお寺で、韓国の仏教では元暁は学問僧というより神秘的なお坊さんという感じで扱われたと思います。ただ、十一世紀末に大覚国師義天が元暁に注目しました。義天は義相系を継ぐ華厳の僧で、義相だけではなく、元暁も重要だとアピールしようとしましたが、義天にも元暁の影響力はあまり強くなかったのではないかと思うのです。元暁の思想の影響は、むしろ日本の奈良仏教、その後の鎌倉時代の仏教に影響があったのではないかと思っています。

吉田　次に李先生にお願いいたします。会場からもご質問をいただいているのですが、戒壇の基壇の護塔神は最終的に何なのでしょう。「八部衆」「十二神将」といろいろありますが全部でいくつあるのでしょうか。

李　戒壇と塔の基壇は同じものです。日本の木でできた塔のように上の構造があるかどうか、極端にはそこが違うところで、その下に「護塔神」という、お釈迦さまの舎利を守るためのものがあるかないかです。それが彼らの目的であり、任務であるのですが、四天王寺に関しては『三国遺事』、十三世紀の記録ですが、そこには「八部衆」と書いてありますが、今のところ決着がついていません。しかも四面に三種類の「神将像」、最初はお寺の名前があり、最近までは「四天王」と称されてきたわけです。しかし発掘してみると三体の神将を、階段を挟んで、四面に一体あたり八回繰り返しているので、本格的尊格を明らかにすることはできないのです。四天王だと基本必ず四種類で「多聞天」が含まれるはずですが、そもそも三体しかないし、それを八回も繰り返して配置していることから「護塔神」を基壇に安置している規則自体は中国から学んだものです。様式もそうですが、おそらく「四天王」や「八部衆」を知らずにやったのではないかと思っています。道宣の『戒壇図経』に関しても、「四天王」や「八部衆」、「阿修羅」、「乾闥婆」、「金剛力士」などを挙げていますが、道宣も混同しているようで『華厳経』や『灌頂経』を引っ張ってきて「護塔神」として集めたと明言しています。なので、尊格を特定するのは難しく、ただし彼らの任務はあくまでも舎利を守るためだということを強調しているのです。

吉田　持戒をお釈迦さまの前で誓う、というのが受戒の本義ですが、お釈迦さまは今ご存命なわけではありませんので、戒壇の真ん中に舎利塔を置き、お釈迦さまの舎利を祀ることで、直接お釈迦さまに誓いを立てる形で、授戒がされていました。そのため、戒壇は仏塔と同じ形式をなすことになります。そうした中、七世紀後半になると仏塔の建立形式の影響が新羅や日本に及んだわけですが、戒壇や仏塔の形式を新羅と日本の比較の上で見ると、全く共通しているのでしょうか、それとも異なる点が有るのでしょうか。もし、異なる点が有るならば、それぞれどのような特徴があるのでしょうか。

李　今回の発表では「護塔神」という守護神を研究してきたわけですが、とくに戒壇に関しても、韓国国内の先行研究を見ても、美術史などの方では、ほとんど研究がありません。思想的に先行研究はありますが、東大寺の戒壇院や唐招提寺の戒壇院とのつながりは触れられていないわけです。この間、東大寺戒壇院を見学して測ってみたところ、長方形でした。道宣は『戒壇図経』で正方形としていますが、東大寺は室内の戒壇ということもあって『戒壇図経』の左にあった室内戒壇ですが、長方形というところが共通しています。もう一つの特徴は東大寺の場合、基壇が二段組みで舎利塔を含めると結局は三段組みの基壇になっていて、そうした点に関しては道宣が『戒壇図経』でいっている三重構造と共通しています。もう一つは東大寺戒壇院の場合、基壇の高さが下層基壇は一ｍあって二壇目が一ｍはないと思いますが、一番下の基壇が一ｍ、道宣の『戒壇図経』においては九〇㎝と彼は提示しているので、これもある程度、共通しているかと思います。戒壇院の中央の舎利塔は八世紀当初に遡る、そのままのものではないのですが、舎利塔に関しても三段目の基壇に関して『戒壇図経』で高さ約一二㎝といっていますが、戒壇院でも高さが約一〇㎝前後している正方形です。その面に関しても、ある程度つながりが見えてくるかと思います。唐招提寺の場合は八世紀の奈良時代そのままの姿ではないですが、日本の先行研究で鑑真和上が、そもそも『戒壇図経』を書いた道宣の孫弟子にあたるので、いくつかの共通点が見えてきます。唐招提寺は下層基壇が一番低く、四面に階段を置くのですが、下層基壇は高さが九〇㎝あって中層基壇が一三六㎝。唐招提寺の戒壇は、三重構造であって基本的な構造は奈良時代の構造を守っていると思うので、そうした構造は道宣の『戒壇図経』にもつながるものではないかと思います。

吉田　インドから共通するものだということはないですか。

李　道宣は三蔵法師の玄奘と親しかったので『戒壇図経』では玄奘

の『大唐西域記』の引用とかインドにいったお坊さんたちの話を引用したといっています。玄奘法師の後、インドに渡った義浄の記述には、確かにナーランダ戒壇があるとなっています。しかし道宣がいっている三重構造とは寸法がかなり違うのです。『戒壇図経』の中ではインドのことを参考にしているといっていないながらも、その寸法はばらばらとなっています。完全に丸写しの形でインドの戒壇を移している、というわけではないと思います。

吉田　道宣の戒壇は義相が中国で見てきたといいますが、情報が少ないですし、そもそもインドでも様々な戒壇の形式が有ったかも知れません。その辺りはまだまだわからないことが多いわけですね。佐藤先生はずっと義相の研究をされていて義相への思いが熱いと思うのですが、日本との関連でいうと、山本幸男先生が奈良時代における元暁の影響をご指摘になり、その後の平安時代にもその傾向が見られることは先行研究で指摘されていますし、さきほど、崔鈆植先生からは鎌倉時代の仏教にも元暁の思想の影響が有ったのではないかと思われると教えてくださいましたので、どうしても日本への新羅仏教の影響といえば、主に元暁の影響が濃いような印象を強くするのですが、佐藤先生のお話では、義相についても鎌倉時代になると明恵が注目して『一乗法界図』を書写していたり、節を付けて声明のように読誦されていたことが窺えるなど、義相の思想も少しずつ着目されているようですが、補足されることはございますか。

佐藤　明恵といっても一〇〇%、義相の影響というわけではなく、『仏光三昧観』や李通玄の影響はあるものの、明恵上人の実践形態の中の一つとして『一乗法界図』に着目したということだと思います。

吉田　確かに明恵という人は幅が広くて華厳と密教を合体させていくというような思想体系を構築していますし、実践的な『仏光三昧観』という観法を修めていたという実践者の側面が強い印象もあります。東大寺図書館におられた横内裕人さんがご著書で詳細に書いておられますが、明恵の師である景雅が既に多くの書物を高麗や宋から積極的に導入して学び、華厳と密教を融合させていましたし、明恵自身にも融合思想があったことを考えますと、多くの思想を研究し受容する中で義相の思想も明恵に影響を与えていたと考えていいのでしょうか。

佐藤　そうですね。高麗とか宋からのさまざまな典籍の輸入ということに関しては『一乗法界図』に関していいますと金沢文庫に現在収蔵されている『一乗法界図』の写本がありますが、この写本は、もとは大覚国師義天が書いた『円宗文類』という華厳のさまざまな文献の中から重要なものだけを抜き書きした文献があり、それは本来、二二巻あったとされますが、今、残っているのは巻一と巻一四と巻二二の三巻です。金沢文庫に残っている『一乗法界図』は、今はなくなった『円宗文類』の巻二一の中に納められていたものを写したものです。どこで写したかというと高山寺で写したらしいという話がありますから、景雅が『円宗文類』を入手し、景雅と義天は時代が比較的近いですから、景雅の『円宗文類』を明恵上人も見て、新羅、高麗の仏教のさまざまな知識を得たのではないかということがわかるわけです。

吉田　石井公成先生の「瓢箪をもっているのはお笑いで」というお話は楽しく聴かせていただきましたが、教理学は限られたお寺の中で教条的な研究をしていく部分が有るのと同時に、一方では一般の社会動向と連動する文化的な部分との両方があります。そして、社会の文化や政情などといった、いわばそういう裾野を土台としてピラミッドのように徐々に教理が積み上げられていくという側面と、積み上げられた教理から徐々に社会や文化へと広がっていくという側面もあると思いますが、そういう点では奈良朝の貴族が、どういう仏教観をもっていたのかということは、思想の面からも文物の面からも興味深いものがあります。

山本幸男先生からは特に奈良朝貴族にみられる仏教信仰として淡海三船における元暁の影響をご指摘いただきましたが、全体の中でどう位置づけられるのか、それ以外の形態もあるのでしたら教えていただければと思います。

山本　私は仏教学の専門ではなく、歴史の方から勉強させてもらっていますが、そういう観点から考えると元になる材料が限られていないかと思います。今日、紹介させていただいた『延暦僧録』が唯一のものではないかと思います。興味深いのは王権に仕えている人たちが、王権そのものが仏教を祭り上げていく、そういう王権に貴族と官人が仕えていて彼らもそれになびくというか、従っていくことが自らの身を守ることにもつながる。それに加えて世俗の苦しみを解き放って、来るべき世界にどう向き合っていくかということとつながっていくので、ある意味、表裏の関係にあるととらえられる点です。ところが、それを具体的に裏付けていくとなると、なかなか材料が見つからなくて、『延暦僧録』に出てくる話の内容が、全部が全部、本当とはいえないのですが、その中に出てくる動向と、これまでの仏教学で明らかにされてきた成果を、うまくすり合わせて、どういう世界が描かれるのかというのがこれからの課題ではないかと思うのです。今回は新羅仏教がテーマであり、たまたま淡海三船の『三国史記』の記事が前から気になっていたので、こういう機会を与えていただいたので考えてみました。『金剛三昧経』はなかなか奥が深く、いろんなとらえ方があるのですが、ただ言えるのは在俗の人たちにとって意義のある経典ではなかったかということです。そこがポイントになっていて、そこを元暁がしっかりとおさえて解釈しているのですが、何故かわからないけれどその他の人は注釈を加えていないのです。『金剛三昧経』が真経かどうか、元暁がつくったのではないかとかいろいろ説があります。しかし中国においてもかなり評価されているものだろうし、東大寺の華厳宗がつくった必読文献目録（「華厳宗布施法定文案」「章疏目録」）がありますが、その中にも『金剛三昧経』と『金剛三昧経論』が入っているので、華厳を学んでいく上でも重要な経典と位置づけられていました。そういうものの中に「出家在家、持戒不持戒を問わず成仏できる」という文言が出てくるところに淡海三船は注目し、それを学んでいこうとしたのではないでしょうか。三船も加わる、ごく限られた人たちのグループがあったのかもしれません。以前、そのグループの人たちが大安寺に集まって仏教の研究会をつくったのではないかと考えたことがあります。具体的に明らかにしにくいのですが、考えることのできる素材が仏教学から提供されているし、残っている断片を捕まえて再現できるのではないかと期待をもっています。

吉田　聖徳太子が『三経義疏』を書かれましたが、『維摩経』と『勝鬘経』は、在家の人が主人公となって法が説かれています。『法華経』については、新羅における研究の影響も考えられますが、古くから霊験の有る経典としてすでに日本ではよく知られていたほか、国分尼寺に『法華経』が祀られたのも、もしかしたら国分寺に納められた『金光明経』が護国経典であるのに対し、『法華経』は「個人の救済」の意味を持っていたとも考えられます。一つの統治理念として仏教を利用する際には、お坊さんだけにしか通用しないものではなくて、在家者というか、普通の生活をしている中でどうやって仏道を歩むのかということも大きな問題だったように思われます。元暁のように、還俗して風狂な生活を送ったことのある人物が受容れられるのも、そうした意味が背後に有るのかも知れません。淡海三船の場合は直接的な縁もあったかもしれませんが、それだけではなく、『金剛三昧経論』に説かれるような元暁の思想が、自分にとっても、当時の社会にとっても、有益と思われたのではないかという感じがします。そういう意味で、思想の潮流は社会の変化と連動していると言えるでしょう。

加島先生にお伺いします。「佐波理」のお話は、広がりがあって大変興味深くお聴かせ戴きました。私はかつて韓国の石窟庵に行ったことがありますが、当時の文化芸術の粋を集めており、たいへん立派で、その美しさに圧倒されました。「柄香炉」の話も含めて、仏教芸術の変化について、もう少し細かく時代を追ってどう違っていくのかを、補足いただけますでしょうか。

加島 「柄香炉」は柄を持って持ち運ぶ香炉なので、香合を一緒に持っていないと途中で香が切れてしまうのです。ですから香合と柄香炉は必ずセットにします。玉虫厨子の須弥座の正面にも、奈良国立博物館所蔵の「刺繍釈迦如来説法図」にも、そういう組み合わせが表されています。柄香炉の形式は中国で一番古いのは柄が鵲の尾の形をした「鵲尾形柄香炉」で、それは唐時代以前のものです。日本では飛鳥時代に使われていました。中国では唐時代になると柄がまっすぐになって、柄香炉は火炉が重いので柄の末端にライオンの形をした鎮子を据えた「獅子鎮柄香炉」が作られ、日本でも奈良時代に用いられるようになったといいます。平安時代になると鎮子が瓶の形に変わる「瓶鎮柄香炉」、これは日本でつくられるようになったとかつてはいわれていたのですが、近年、中国でも実物が発見されて、源流は中国の、それも唐時代にすでにあったことがわかっています。鎌倉時代になると柄香炉全体が蓮華の花をかたどった「蓮華形柄香炉」が、高野山に立派な作例があるので日本でつくられるようになったといわれていましたが、これも中国に例があったり、韓国の国立中央博物館にあったりして中国や韓国に源流があったということです。石窟庵は『三国遺事』によれば新羅の景徳王の大臣だった金大城が、父母のために七五一年に建立を始め、七七四年に完成したとされています。だとすると八世紀後半は「獅子鎮柄香炉」が制作される時代だと思われます。あれだけの仏像がつくられているわけで、持物もその当時、流行していたものが表されただろうと思われます。東大寺大仏の蓮弁に柄香炉を持った菩薩が雲に乗った図がありますが、その柄香炉は「獅子鎮形」のように柄がまっすぐなものであり、そういうことから見ても、その時、流行のものが使われているのです。そうすると石窟庵も、その時の一級品が表されるはずなのに、どうして古いタイプの柄香炉が表されているのでしょう。それが仏教工芸品から見た素朴な疑問で、一つは古様な古めかしいものを表したと考えるか、そもそも石窟庵の制作年代がいつなのかという問題に関わってくるのではないでしょうか。一つの仏具のことではあるけれども、仏具をとおしていろいろな意味を考えていくと、さまざまなことが問題になってくるということを申し上げたかったわけです。

吉田　だいぶクリアになったと思います。「柄香炉」一つをとっても変遷があるわけで、当時の流行があるのですね。そう考えますと、石窟庵にみられる柄香炉の形式が、その時代にしては時代遅れだとすれば、もしかしたら石窟庵の成立がもっと早いのではないか、そうでないとしたらなぜだろう、と大きな問題提起をしていただきました。ご発表の中では、加えて最近の研究では、正倉院御物の真鍮製品の材料を分析し、その含有比率について細かい報告がなされるようになり、制作法や図柄だけでなく、材料からもいろいろなものが見えてくることを教えていただきました。

加島　本日、参加させていただいていて一番ありがたいなと思ったのは工芸品というのは常に中国から直接か朝鮮半島を経由して日本に伝わってくるということしか眼中になかったのですが、国土が中国と接している国と海を隔てている国とでは、そのことを意識して考えないといけないなと強く思いました。本日、あえて真鍮製品を取り上げたのは、これからはたぶん、朝鮮半島でも見つかってくると思うからです。先程の「瓶鎮柄香炉」も中国で「ない」といわれていたのが、最初に江西省で見つかったのですが、なんと、西安の博物館にも収蔵されていたということがありましたので、そういうことがこれからも起こるのではないかという期待を込めて取り上げさせていただきました。

吉田　古いものだけれど、その価値がよくわからない、ということはよくあると思います。今回うかがったような問題提起や価値評価がされて、初めて「そういえばこんなものもある」と、大発見につながることもありますし、今後まだまだ新たな発見が期待できそうです。多くのありがたい示唆をいただきました。

最後にご登壇いただきました清水先生は、考古学的見地から新羅と日本の仏教についてお話をいただき、その当時における社会現象との関連性について時系列でわかりやすくご説明していただきまして、改めて東アジアの歴史を概観させていただいた次第です。そこで会場から、清水先生に質問が寄せられています。

「白鳳時代の本薬師寺の連珠紋、新羅系ですが、川原寺の連珠紋、百済系は同じに見えますが、再度、相違について説明をお願いします」という質問です。

清水　資料に、白鳳時代の川原寺の瓦と本薬師寺の瓦があります。ひと言で申しますと、違いは本薬師寺の方には丸く点が連続する連珠紋が加わっているというだけの話ですが、元の形としては川原寺のものをベースにしていて、そこに連珠紋を加えたという違いです。川原寺の瓦は百済系といわれましたが、これまでの瓦の研究では唐の影響があると考えられる傾向が強かったのです。韓国の瓦の研究が進み、資料が公開される中で川原寺の瓦に近いものが百済の金剛寺跡から確認できたのです。川原寺が造営された六六〇年がその時期にあたるので、百済からやってきた百済移民の中に瓦の技術者がいて、その人たちの情報をもとにつくられたのではないかと思われます。六六〇年代に日本に登場し、約二十年後の六八〇年に薬師寺が建立されますが、その時に連珠紋をつけたデザインが新羅からきます。その間には百済の滅亡、高句麗の滅亡、新羅の統一という朝鮮半島の歴史があるわけで、その中で朝鮮半島の瓦も大きく変化しているのです。本薬師寺の瓦の左側に新羅の感恩寺の瓦を載せているのですが、こういう瓦が突如、出現したのです。それ以前には百済の瓦のような、比較的シンプルなスタイルのものが使われていましたが、六七〇年前後、新羅統一時に感恩寺の瓦のように華麗な姿の瓦が出現するのです。その大きな特徴は蓮華文の周囲に、連珠紋を表現することです。本薬師寺の瓦はその影響をダイレクトに受けて創作されたのではないかと考えるわけです。

吉田 ちなみに「双塔伽藍形式」も中国にはないものですか。

清水 現在、確認されている中では、ありません。

吉田 中国だと建物は完全に左右対称ですが、なぜ日本では東塔と西塔の形が違うのか疑問に思っていました。薬師寺は平らな場所に建てられていますから、地形に合わせたわけでもないでしょうし、そういう日本の意匠なのかなということから考えが発展しないのですが。

清水 日本で創作されたものではなく、新羅の影響だと思います。新羅の、四天王寺の塔の構造も細部が少し東西で違いますので、そういう変化が、日本に入ってきているという流れでとらえられるのではないかと思います。

吉田 なるほど。これに関して李先生はどう思われますか。

李 「双塔伽藍形式」は中国の文献上では四、五世紀頃からあるように思われていますが、発掘では確認されてないようです。その後、次第に増えていって隋代も記録はありますが、実際には残っていません。「双塔伽藍形式」に関して、一つは東大寺のように塔を特別の区域をつくって二つの東西の塔を並べる形式があります。七世紀後半、一つの本堂のすぐ下に、同じ区域の中に左右に塔をつくることをどう見るかについては見方が分かれるところがあります。基本的には東大寺の場合、区画を分けるのです。一つの伽藍の中に入れるのではありません。そういう形式は韓国では確認できないのです。区画を分けて、しかも塀を囲って完全に独立させた形は今のところ韓国では出ていません。「双塔伽藍形式」に関しては確かに時代があうこともあり、新羅の影響もあるけれど、それは現状で判断すると中国の影響だと考えられます。あと一つ、面白いのは日本で二重基壇が出現するようになるのは法隆寺の五重塔です。塔は焼けたとしても基壇は残るので、「果たして基壇が七世紀後半に再建した時のものなのか」という問題はあるのですが、塔は一つしかないのに基壇は二重になっているというのは面白いところだと思います。ほぼ同じ時期の六三九年に建てられた弥勒寺の塔は二重基壇ですが、本格的に双塔が流行りだすのは四天王寺の木塔のころで、その三年後に石塔の感恩寺双塔から二重基壇が出てきます。法隆寺は木塔であるにもかかわらず、二重基壇を置いてあるのが面白いと思っています。

吉田 消失した塔を再建する際、基壇を再利用することもあれば、新たに造り直すこともあるかも知れませんし、東大寺も、もともと「双塔伽藍形式」なので、それが中国に倣ったものなのか韓半島との交渉によるものなのか、関心が尽きないところです。地層とも関係があるのかもしれませんが…。

次に崔先生に会場からご質問です。「八世紀以降の新羅仏教界の主要な流れとして登場した二系統の一つである義相系の華厳学は、理論よりも自分の体を利用して直接的な体得、あるいは直感を通した悟りを重視していたということですが、前半部の体を利用した直接的な体得が、具体的にどのような実践が、義相系華厳の中で行われていたのでしょうか。体を利用したという実践面について具体的に説明してください」。崔先生に、ということですが、もしかすると佐藤さんも詳しくご研究されているのではないかと思います。

崔　義相系だけではなく、八世紀半ばの義相系と真表系の弥勒信仰に共通する傾向として、彼らが体を利用した修行を重んじたということをお話ししましたが、真表系は苦行、体を苦しめる修行を重んじました。それは中国でも南北朝時代末期にあった影響です。義相系はそれとは違い、苦行ではありません。佐藤先生の発表でもありましたが、「五尺観」観法のように、自分の体を観法の対象にして華厳の「海印三昧」を悟ることを重んじたということです。「五尺観」に関しては佐藤先生から詳しくお願いいたします。

佐藤　具体的な注釈のあり方を紹介しますとキーワードとなるのは「五尺」という人間の体です。『一乗法界図』の中に「世間仏、世間に安住して正覚を成ずる故に」という文があり、これに対する義相系の注釈を例にあげて説明します。普通に注釈するならば世間とはどういうものか、安住するとはどういうものか、正覚を成ずるとはどういうものかについて経典とかさまざまに関連する文書から証拠を集めてきて細かく説明する、これが中国や日本で行われる普通の注釈の形だと思います。が、義相系の文献の中では世間に安住することについては「世間というのはあなたの五尺の体だ。そして安住するというのが五尺の体が宇宙全体で遍満しているということだ」。そして「正覚を成ずる」というのは「五尺の体が宇宙全体に遍満している、一体化している、それが正覚を成ずることなのだ」という説明の仕方をしています。この一例から考えてみても、義相系の人たちの注釈の仕方、仏教の説明の仕方は非常に変わっています。文献的な典拠を求めるというスタイルではなく、「自分の体が宇宙と一体になっている状況」をその中に絶えず読み込んでいく、なぜそのようなことになっているかをです。そこに彼らの宗教的なテンション、高さがあると思います。ではどうすれば自分が宇宙全体と一体化していることを確認できるかというと、義相の直弟子の道身が書いた『道身章』によると「自分と宇宙が一体化していることは一乗の縁起の法を悟ることだ。一乗の縁起の法は情の及ぶところではない。即ち日常的な思考の中ではそれは出てこない。でも決して遠くに求めてはいけないものだ。日常的な思考に反対の見方をすればいいのだ。そのためにはどうすればいいか。執着を離れることだ」と説いています。では執着を離れるためにどうすればいいか、それについては『道身章』には書いてありません。ひょっとしたら瞑想していたかもしれないのですが、ベースのところはとらわれを離れる、執着を離れる、仏教のベースになる修行に基づきながら、それらを彼らは何らかの仕方でクリアしていったということです。『一乗法界図』で『華厳経』そのものを自分の体そのものとして描いていく、つくりだしていく教学をつくっていった、こういう意味で体を使った修行ということだと思います。

吉田　禅を想い起こさせますね。義相の師の智儼は「一乗法界の縁起を悟った」ことによって二十七歳の時に『華厳経』に注釈したといいますが、もしかしたらこのような実践的で主体的な捉え方こそ、華厳の「法界縁起」の理解のされ方なのかなという気もします。実践的なところで主体的に華厳の世界を感じるというのは、もっと後の澄観になると更によく表われてくるのですが、義相系で早くから言われているのが興味深いです。それは韓半島の特徴と言えるでしょうか。

崔　もちろん澄観には禅の影響もあったのですが、瞑想の対象が「体」ではなく自分の「心」だったのです。「心」を瞑想の対象にして「心の清らかさを悟る」。義相系は「心」ではなく「体」、五尺の体を「法界縁起」への象徴として「体」を対象にして「法界全体と自分の体が一致することを悟る」というところに違いがあるのではないかと思います。

吉田　中国では「心」は「唯心思想」に基づいて捉えますから、心と事物を分けず、そもそも「目の前にあるものが心だ」ということから始まります。禅宗の場合は特にそうです。ただ、義相の場合は体から入るというところが特徴的ですね。

もう一つそれに関連して会場からの質問です。「華厳禅があったと聞いていますが、その成立に新羅の関わりはあったのでしょうか。あったとすれば華厳禅について文献など現存しているものがあれば教えていただきたい」とのことです。これについては佐藤先生からお願いいたします。

佐藤　華厳と禅の関わりについては唐代になり、華厳ができてきて、「一中一切」「一即一切」の真理を論理として解き明かす、それが唐代の半ば以降に禅が出てきて「一中一切」「一即一切」を「自分の体」で体現していく形で「華厳」と「禅」はつながっていると以前から言われています。かつて高峯了州先生が、そういう問題意識から『華厳と禅との通路』を書かれたことがありました。「華厳禅」という三文字は一九八〇年代後半に吉津宜英先生が提唱された概念で吉津先生の定義によると「華厳宗の五祖の中で華厳と禅を結びつけたのは圭峰宗密だ。華厳は経の流れ、禅は宗の流れで、それを一致させた」のです。具体的には『禅源諸詮集都序』の中で華厳の三宗と禅の三宗を結びつけ、これによって華厳禅が成立し、吉津先生の見方によれば「宗密の仏教が華厳禅だ」ということです。さらに中心にあるのが『円覚経』であるという見方です。新羅との関わりはそれまでは直接のものはないのだけれど、義相系の話から禅との似たような雰囲気があるわけです。「華厳禅」は定義の仕方にもよりますが、義相系の華厳は禅に近いのではないかといえるかもしれません。

吉田　仏教の三教と禅の三宗を結びつけた宗密の『禅源諸詮集都序』という書物があり、その形態が吉津宜英先生によって「華厳禅」と名づけられたのですが、もっと広い意味では禅の中に華厳思想の影響が見られますし、華厳に基づいて行われる実践体系も「華厳禅」といえるかもしれません。新羅では九世紀後半以降、華厳を学んだ後に禅へと転向するお坊さんが多いのですが、これとも関連する質問が会場から寄せられています。「新羅において密教から禅に転向したお坊さんの例がありますが、より根本的には新羅仏教の中で密教はどういう比重を占めるのでしょうか。日本では禅宗が定着する鎌倉時代、道元のような少数の例を除くと、多くの禅僧がはじめは教宗、とりわけ密教を研究し、それに習熟することを前提として禅へと転じているようなところがあるので、新羅における状況の具体相に興味があります」というご質問です。

崔　新羅の密教に関して、中国の文献では、中国に留学して密教を学んだ僧侶の情報は結構あるけれど、新羅国内で密教を研究した僧侶に関する情報は今のところあまりありません。ただし唐との関係が密接だったので密教との関係はあります。戦争の時に活躍した密教僧はいたけれど、純粋な密教のお坊さんの様子はあまりなく、禅を学んだお坊さんの記録でも密教に関する様子はあまり出てきません。ただし佐藤先生のご発表で、華厳関係の本の中には密教的な内容も出てきますので、密教は強い力はもっていなかったとはいえ、影響を与えて華厳に融合した形跡があったのではないかと思われます。また新羅の場合、禅宗に転向したお坊さんは最初、華厳を学んでいて、義相系は弟子たちに秘密的に口伝で教える伝統があったので、密教的な禅宗と似ているところがあったのではないかと思います。

吉田　日本では密教といえば空海や最澄が唐で学んできた思想や儀軌を指しますが、思想的には唯識や華厳思想の基礎の延長線上にあるという部分もありますし、実際は密教の定義は難しいものがあると思います。儀軌に基づく行法やエソテリックな部分に密教の定義を見出すなら、占星術なども含まれることになりそうですし、具体的には美術や歴史の流れの中でも考えていく必要が出て来ます。

もう一つ会場からの質問です。重要な問題だと思います。「新羅仏教の中で形のない法身、毘盧遮那仏を形のある仏像として具象化するにあたっての理論のようなものはありますか」。難しい質問ですが、歴史系からはどうお考えでしょうか。

崔　義相系の場合は、お寺の中で毘盧遮那仏ではなく、阿弥陀仏を奉安して拝んだので、最初、「毘盧遮那仏は形にしにくい、形にすることができない」と思ったのではないでしょうか。韓国の場合は新羅末期の九世紀になると急に毘盧遮那仏の仏像が流行り、多くのお寺で奉安されました。毘盧遮那仏が奉安されたお寺は禅宗のお寺が多くて、華厳のお寺ではどうだったかは、わかりません。一つだけ仏国寺では金銅の毘盧遮那仏の像があるけれど、学者によっては「あれは新羅のものか、後の時代のものか」という議論が、まだ決着できていません。義相系は最初、阿弥陀仏を奉安したとされているのです。

李　六、七年前、国立慶州博物館で「毘盧遮那仏特別展」がありました。韓国の場合、金銅仏とか花崗岩でできた毘盧遮那仏がたくさんあったのです。意外と毘盧遮那仏は残っています。『金光明経』の影響か、八世紀から毘盧遮那仏が出てくる傾向があるのです。

吉田　王権との関係もありそうですね。山本先生、如何でしょうか。

山本　崔先生、李先生に質問です。新羅華厳の移り変わりは大変勉強になり、特に崔先生のお話で義相系の華厳が王室に取り入っていく、それは義相の考えとは全く違うというお話でした。それから連想するのは、中国では則天武后に法蔵が目をかけてもらって華厳が大成していく。日本の場合はいうまでもなく聖武天皇が華厳を第一としています。王権とつながっていく傾向はどういうところに原因があるのでしょうか。

崔　私も知りたいテーマですが、義相は「智儼を自分のモデル」にしたのではないかと思っています。山にこもって「教学」の研究もしていたそうですが、「教学」よりは「修行」について勉強したのではないでしょうか。法蔵は彼が望んだのかどうかはわかりませんが、皇室の方から法蔵を招いたのだと思われます。則天武后の時は新しい勢力を支援しようとしたので。その中国の流れが後に新羅や日本にも影響を与えたと思われます。それは最初の華厳とはちがうものでした。統一新羅では最初は仏教と政治に距離をおこうとしたと思うのです。統一前は仏教が政治と近い関係にありましたが、統一してからは、王室は仏教と政治との距離をおこうとしました。しかし、八世紀半ばになると王権が弱くなってきて、また仏教の力を借りて王権を強化しようとしました。その時に注目されたのが華厳でしたが、中国の例を引いたのではなかったのかと考えています。

吉田　確かに義相には表訓という、義相を顕彰する人がいて、元暁には太賢という、元暁を顕彰する人物がいました。どんな立派な人でも顕彰する人がいなかったら歴史の中に埋没していきます。また、どんな立派な修行をしていようが、立派なことを説いていようが、その時代に合わず、あるいは王権の庇護が得られなければ歴史の影に埋没していく部分もあると思います。その時宜に叶い、その時代の問題意識を考えていった人たちが歴史をつくっていったといえるかと思います。

最後に木村清孝先生に最後のまとめをしていただきたいと思います。ご登壇願えますでしょうか。

木村　吉田先生の名司会でシンポジウムも終わりに近づいておりますが、ご挨拶を兼ねまして、一言申し上げたく存じます。今回、第十六回GBSシンポジウム「新羅仏教の思想と文化—奈良仏教への射程—」と大きな題を掲げ、また東大寺が直接主題にならない形で開かせていただくことになりました。そこで少し心配したのですが、結果的に大変有意義なシンポジウムになったと思います。ご承知のとおり、このシンポジウムは十五年前の「大仏開眼一二五〇年」を契機としてスタートしたものであり、ここまで東大寺さまがしっかりと支えてくださったからこそ続いてまいりました。また、その大きな成果は、すべて「論集」の形で本になっており、ご覧になっている方も多いと存じます。私は、このことをまことに有難く、また嬉しく思っています。

今回のGBSは、ご講演の石井公成先生、特別講演の崔鉛植先生、及び研究報告の五人の先生という構成で開催をさせていただきました。とくに崔先生と李先生は母国語でないにもかかわらず、きれいな日本語で、充実したご講演、ご発表をしていただき、さらに討論にも加わっていただきました。心からお礼を申し上げます。

このシンポジウムは、最初から学際的な場でやっていこうということで進められてきておりますが、今回のシンポジウムでは新羅の仏教とその文化のリアルなすがたが一気に鮮明にされてきたように思います。いろんな観点からのご発表があり、これまであまり気がつかなかった観点も含めて、総合的に新羅の文化を知るきっかけができました。また奈良仏教との関連もよりよくわかってきました。

その意味で、私自身も大変勉強させていただいたシンポジウムでした。例えば、日本の仏教や思想・文化について考えようとする場合でも、一方的に「中国から日本へ」あるいは「韓半島から日本へ」という流れだけでとらえるのではなく、東アジア世界全体の枠組みの中でビビットな交流があり、行き来がある、そういう点を丁寧に見ていくことが必要ではないかと改めて感じております。東大寺に関しても、東アジアいう枠組みの中でその存在意義を改めて学び直していきたいものです。

このGBSは、東大寺さま、大仏さまが存在する限り、長く続いていくことと思います。そのことを皆さまとともに祈念いたしまして、ご挨拶に代えさせていただきます。皆さま、最後までご参加いただき、ほんとうにありがとうございました。

吉田　ありがとうございました。従来、奈良の仏教は中国からの影響ばかりと教科書などではいわれていますが、木村先生のお話にもありましたように、細かいところを見ていくと新羅からの影響、百済からの影響、また日本独自の発展もあり、東アジア、さらにはアジア全体のダイナミックな歴史の流れの中に東大寺があることを再認識した次第でございます。先生方、誠にありがとうございました。

進行　ありがとうございました。木村清孝実行委員長にもご登壇いただきましてご挨拶をいただきました。有意義な時間となりました。大仏さまが、東大寺が続く限り、そういう場所に私たちがいることを心に留め、今後も皆さまとともに精進していきたいと思います。本日のありがたい時間をともに過ごしましたことを、感謝の拍手とともにもう一度御礼申し上げたいと思います。今年のＧＢＳはこれにて終了させていただきます。来年もまた今回の会を振り返りながら、新しいＧＢＳを皆さまとともに迎えたいと思います。先生方、ありがとうございました。皆さまありがとうございました。

第16回 ザ・グレイトブッダ・シンポジウム

平成29年11月25日（土）

開会挨拶：狭川　普文（華厳宗管長・東大寺別当）
基調講演：石井　公成（駒澤大学）「新羅仏教文化の多様性」
特別講話：崔　　鈆植（韓国・東国大学校）「八～九世紀における新羅華厳の動向」

11月26日（日）

《研究報告》

李　　鎭榮（龍谷大学大学院）「統一新羅の護塔神と道宣の『戒壇図経』」
佐藤　　厚（専修大学）「新羅の華厳教学の概要、および日本華厳との関連」
山本　幸男（相愛大学）「奈良朝貴族と新羅仏教」
加島　　勝（大正大学）「新羅の金属工芸品―佐波理製品と真鍮製品を手がかりに―」
清水　昭博（帝塚山大学）「考古学からみた新羅と古代日本の仏教文化」

全体討論会「新羅仏教の思想と文化―奈良仏教への射程―」
吉田　叡禮（花園大学）
李　　鎭榮（龍谷大学大学院）
佐藤　　厚（専修大学）
山本　幸男（相愛大学）
加島　　勝（大正大学）
清水　昭博（帝塚山大学）
崔　　鈆植（韓国・東国大学校）
木村　清孝（華厳学研究所・東京大学）

ザ・グレイトブッダ・シンポジウム論集第十六号
論集 新羅仏教の思想と文化
―奈良仏教への射程―

二〇一八年十一月二十四日 初版第一刷発行

編 集 GBS実行委員会

発 行 東大寺
〒六三〇―八五八七
奈良市雑司町四〇六―一
電 話 〇七四二―二二―五五一一
FAX 〇七四二―二二―〇八〇八

制作・発売 株式会社 法藏館
〒六〇〇―八一五三
京都市下京区正面通烏丸東入
電 話 〇七五―三四三―五六五六
FAX 〇七五―三七一―〇四五八

ISBN978-4-8318-0716-8 C3321